AF177795

Fischer TaschenBibliothek

Sie ist die berühmteste Lyrikerin des Expressionismus: Else Lasker-Schüler. In diesem Auswahlband stellt uns Uljana Wolf das Werk der deutsch-jüdischen Dichterin vor.

Else Schüler wurde 1869 in Elberfeld geboren. 1902 erschien ihr erster Gedichtband ›Styx‹. 1932 erhielt die Autorin den letztmals vor der Machtergreifung der Nationalsozialisten vergebenen Kleist-Preis. 1933 emigrierte sie nach Zürich, 1934 reist sie erstmals nach Palästina. Nachdem ihr 1938 die deutsche Staatsangehörigkeit aberkannt wurde, reiste sie zum dritten Mal nach Palästina, der Kriegsausbruch verhinderte ihre Rückkehr. 1943 erschien ihr letzter Gedichtband ›Mein blaues Klavier‹. 1945 starb Else Lasker-Schüler und wurde auf dem Ölberg in Jerusalem begraben.

Die 1979 in Ostberlin geborene Lyrikerin und Übersetzerin *Uljana Wolf* veröffentlichte vier Gedichtbände und den Essay »Box Office. Münchner Rede zur Poesie« über das Prosagedicht. Für ihre Gedichtbände und Übersetzungen wurde sie vielfach ausgezeichnet, u. a. mit dem Peter-Huchel-Preis, dem Dresdner Lyrikpreis und dem Erlangener Preis für Poesie als Übersetzung. Sie lebt in Berlin und New York.

Weitere Informationen, auch zu E-Book-Ausgaben, finden Sie bei www.fischerverlage.de

Else Lasker-Schüler

Ausgewählte Gedichte

Herausgegeben und mit einem Nachwort
versehen von Uljana Wolf

FISCHER TaschenBibliothek

Erschienen bei FISCHER Taschenbuch
Frankfurt am Main, März 2016

© 2016 S. Fischer Verlag GmbH, Hedderichstr. 114,
D-60596 Frankfurt am Main
Umschlaggestaltung: Geviert, Grafik & Typografie, München
Umschlagabbildung: Shutterstock
Satz: Dörlemann Satz, Lemförde
Druck und Bindung: CPI books GmbH, Leck
Printed in Germany
ISBN 978-3-596-52099-2

Jussuf mit Theben

⟨Meine Freiheit⟩

Meine Freiheit
Soll mir niemand rauben.
Sterb ich am Wegrand wo, liebe Mutter,
Kommst du und hebst mich
Auf deinem Flügel zu Himmel.
Ich weiß dich rührte mein einsam Wandeln,
Der spielende Tiktak
Meines Kinder Herzens.

STYX
(1902)

Mutter.

Ein weisser Stern singt ein Totenlied
   In der Julinacht,
Wie Sterbegeläut in der Julinacht.
Und auf dem Dach die Wolkenhand,
Die streifende, feuchte Schattenhand
Sucht nach meiner Mutter.
Ich fühle mein nacktes Leben,
Es stösst sich ab vom Mutterland,
So nackt war nie mein Leben,
So in die Zeit gegeben,
Als ob ich abgeblüht
Hinter des Tages Ende,
   Versunken
Zwischen weiten Nächten stände,
Von Einsamkeiten gefangen.
Ach Gott! Mein wildes Kindesweh!
… Meine Mutter ist heimgegangen.

Weltflucht.

Ich will in das Grenzenlose
   Zu mir zurück,
Schon blüht die Herbstzeitlose
   Meiner Seele,
Vielleicht – ist's schon zu spät zurück!
O, ich sterbe unter Euch!
Da Ihr mich erstickt mit Euch.
Fäden möchte ich um mich ziehn –
Wirrwarr endend!
   Beirrend,
Euch verwirrend,
   Um zu entfliehn
     Meinwärts!

Winternacht.
(Cello-Lied.)

Ich schlafe tief in starrer Winternacht;
Mir ist: ich lieg' in Grabesnacht,
Als ob ich spät um Mitternacht gestorben sei,
Und schon ein Sternen-Leben tot sei.

Zu meinem Kinde zog mein Glück,
Und alles Leiden in das Leid zurück.
Nur meine Sehnsucht sucht sich heim
Und zuckt wie zähes Leben,
    Und stirbt zurück
        In sich.

Ich schlafe tief in starrer Winternacht;
Mir ist: ich lieg' in Grabesnacht …

Eros.

O, ich liebte ihn endlos!
Lag vor seinen Knie'n
Und klagte Eros
    Meine Sehnsucht.
O, ich liebte ihn fassungslos.
Wie eine Sommernacht
    Sank mein Kopf
Blutschwarz auf seinen Schoss
Und meine Arme umloderten ihn.
Nie schürte sich so mein Blut zu Bränden,
Gab mein Leben hin seinen Händen,
Und er hob mich aus schwerem Dämmerweh.
Und alle Sonnen sangen Feuerlieder
    Und meine Glieder
  Glichen
    Irrgewordenen Lilien.

Chaos.

Die Sterne fliehen schreckensbleich
Vom Himmel meiner Einsamkeit,
Und das schwarze Auge der Mitternacht
Starrt näher und näher.

Ich finde mich nicht wieder
In dieser Todverlassenheit,
Mir ist: ich lieg von mir weltenweit
Zwischen grauer Nacht der Urangst.

Ich wollte, ein Schmerzen rege sich
Und stürze mich grausam nieder
Und riss mich jäh an mich;
Und es lege eine Schöpferlust
Mich wieder in meine Heimat
Unter der Mutterbrust.

Meine Mutterheimat ist seeleleer,
Es blühen dort keine Rosen
Im warmen Odem mehr. –
…. Möchte einen Herzallerliebsten haben!
Und mich in seinem Fleisch vergraben.

Dein Sturmlied.

Brause Dein Sturmlied Du!
Durch meine Liebe,
Durch mein brennendes All.
Verheerend, begehrend,
    Dröhnend wiedertönend
    Wie Donnerhall!

Brause Dein Sturmlied Du!
Und lösche meine Feuersbrunst,
Denn ich ersticke in Flammendunst.
Mann mit den ehernen Zeusaugen,
   Grolle Gewitter,
Entlade Wolken auf mich.
Und wie eine Hochsommererde
   Werde ich
   Aufsehnend
Die Ströme einsaugen.
Brause Dein Sturmlied Du!

Sulamith.

O, ich lernte an Deinem süssen Munde
Zu viel der Seligkeiten kennen!
Schon fühl' ich die Lippen Gabriels
   Auf meinem Herzen brennen,
Und die Nachtwolke trinkt
Meinen tiefen Cederntraum.
O, wie Dein Leben mir winkt,
   Und ich vergehe
Mit blühendem Herzeleid!
Und verwehe im Weltraum,
   In Zeit,
   In Ewigkeit,
Und meine Seele verglüht in den Abendfarben
   Jerusalems.

Weltschmerz.

Ich, der brennende Wüstenwind,
Erkaltete und nahm Gestalt an.

Wo ist die Sonne, die mich auflösen kann,
Oder der Blitz, der mich zerschmettern kann!

Blick' nun: ein steinernes Sphinxhaupt,
Zürnend zu allen Himmeln auf.

Hab' an meine Glutkraft geglaubt.

Sterne des Fatums.

Deine Augen harren vor meinem Leben
Wie Nächte, die sich nach Tagen sehnen,
Und der schwüle Traum liegt auf ihnen
    Unergründet.

Seltsame Sterne starren zur Erde,
Eisenfarb'ne mit Sehnsuchtsschweifen,
Mit brennenden Armen, die Liebe suchen
Und in die Kühle der Lüfte greifen.

Sterne in denen das Schicksal mündet.

Jugend.

Ich hört' dich hämmern diese Nacht
An einem Sarg im tiefen Erdenschacht.
Was willst du von mir, bleicher Sensemann,
Mein Herz gehört dem ew'gen Leben an
Mit all den Blüten und der Maienlust.

Ich bin so jung wie frühe Morgenglut.
Für deinen Becher ist zu heiß mein Blut.
Scher' dich des Weges, alter Nimmersatt!
Was soll ich in der kalten Totenstadt
Ich, mit dem Jubel in der Brust!

Meinlingchen.

Meinlingchen sieh mich an –
Dann schmeicheln tausend Lächeln mein Gesicht,
Und tausend Sonnenwinde streicheln meine Seele,
Hast wie ein Wirbelträumchen
Unter ihren Fittichen gelegen.

Nie war so lenzensüss mein Blut,
Als Dich mein Odem tränkte,
Die Quellen Edens müssen so geduftet haben
Bis Dich der Muttersturm
Aus süssem Dunkel
Von meinen Herzwegen pflückte
Und Dich in meine Arme legte,
   In ein Bad von Küssen.

Müde.

All' die weissen Schlafe
   Meiner Ruh'
Stürzten über die dunklen Himmelssäume.
Nun deckt der Zweifel meine Sehnsucht zu
Und die Qual erdenkt meine Träume.

O, ich wollte, dass ich wunschlos schlief,
Wüsst' ich einen Strom, wie mein Leben so tief,
Flösse mit seinen Wassern.

Nachweh.

Weisst Du noch als ich krank lag,
    So Gott verlassen –
Da kamst Du,
    Es war am Herbsttag,
Der Wind wehte krank durch die Gassen.

Zwei kalte Totenaugen
Hätten mich nicht so gequält,
Wie Deine Saphiraugen,
Die beiden brennenden Märchen.

Mein Tanzlied

Aus mir braust finst're Tanzmusik,
Meine Seele kracht in tausend Stücken!
Der Teufel holt sich mein Missgeschick
Um es ans brandige Herz zu drücken.

Die Rosen fliegen mir aus dem Haar
Und mein Leben saust nach allen Seiten,
So tanz' ich schon seit tausend Jahr,
Seit meiner ersten Ewigkeiten.

Im Anfang.

(Weltscherzo.)

Hing an einer goldenen Lenzwolke,
Als die Welt noch Kind war,
Und Gott noch junger Vater war.
Schaukelte, hei!
Auf dem Aetherei,
Und meine Wollhärchen flitterten ringelrei.
Neckte den wackelnden Mondgrosspapa,
Naschte Goldstaub der Sonnenmama,
In den Himmel sperrte ich Satan ein
Und Gott in die rauchende Hölle ein.
Die drohten mit ihrem grössten Finger
Und haben »klumbumm! klumbumm!« gemacht
Und es sausten die Peitschenwinde!
Doch Gott hat nachher zwei Donner gelacht
Mit dem Teufel über meine Todsünde.
Würde 10 000 Erdglück geben,
Noch einmal so gottgeboren zu leben,
So gottgeborgen, so offenbar.
    Ja! Ja!
Als ich noch Gottes Schlingel war!

Die Liebe

Es rauscht durch unseren Schlaf
Ein feines Wehen wie Seide,
Wie pochendes Erblühen
Über uns beide.

Und ich werde heimwärts
Von Deinem Atem getragen,
Durch verzauberte Märchen,
Durch verschüttete Sagen.

Und mein Dornenlächeln spielt
Mit Deinen urtiefen Zügen,
Und es kommen die Erden
Sich an uns zu schmiegen.

Es rauscht durch unseren Schlaf
Ein feines Wehen wie Seide –
Der weltalte Traum
Segnet uns beide.

Eva

Du hast Deinen Kopf tief über mich gesenkt,
Deinen Kopf mit den goldenen Lenzhaaren,
Und Deine Lippen sind von rosiger Seidenweichheit,
Wie die Blüten der Bäume Edens waren.

Und die keimende Liebe ist meine Seele,
O, meine Seele ist das vertriebene Sehnen,
Und Du zitterst von Ahnungen
Und weißt nicht, warum Deine Träume stöhnen.

Und ich liege schwer auf Deinem Leben,
Wie eine tausendstämmige Erinnerung.
Und Du bist so blindjung, so adamjung ....
Du hast Deinen Kopf tief über mich gesenkt.

Unser stolzes Lied

Aber fremde Tage hängen
Über uns mit kühlen Bläuen,
Und weiße Wolkenschollen dräuen,
Das goldene Strahleneiland zu verdrängen.

Auch wir beide sind besiegte Siegerinnen,
Und Kronen steigen uns vom Blut der Ceder,
Propheten waren unsere Väter,
Und unsere Mütter Königinnen.

Und süße Schwermutwolken ranken
Sich über ihre Gräber lilaheiß in Liebeszeilen,
Und unsere Leiber ragen stolz, zwei goldene Säulen,
Über das Abendland, wie östliche Gedanken.

Ruth

Und Du suchst mich vor den Hecken,
Ich höre Deine Schritte seufzen,
Und meine Augen sind schwere dunkle Tropfen.

In meiner Seele blühen süß Deine Blicke
Und füllen sich,
Wenn meine Augen in den Schlaf wandeln.

Am Brunnen meiner Heimat
Steht ein Engel,
Der singt das Lied meiner Liebe,
   Der singt das Lied Ruths.

Nachklänge

Auf den harten Linien
Meiner Siege
Laß ich meine späte Liebe tanzen.

Herzauf, seelehin,
Tanze, tanze meine späte Liebe,
Und ich lächle schwer vergessene Lieder.

Und mein Blut beginnt zu wittern,
Sich zu sehnen
Und zu flattern.

Schon vor Sternzeiten
Wünschte ich mir diese blaue,
Helle, leuchteblaue Liebe.

Deine Augen singen
Schönheit,
Duftende Schönheit .....

Auf den harten Linien
Meiner Siege
Laß ich meine späte Liebe tanzen.

Und ich schwinge sie –
»Fangt auf Ihr Rosenhimmel,
Auf und nieder!«

Tanze, tanze meine späte Liebe.
Herzab, seelehin –
Arglos über stille Tiefen ......
Über mein bezwungenes Leben.

Mein stilles Lied

(Meiner lieben Malerin Alice Trübner)

Mein Herz ist eine traurige Zeit,
Die tonlos tickt.

Meine Mutter hatte goldene Flügel,
Die keine Welt fanden.

Horcht, mich sucht meine Mutter,
Lichte sind ihre Finger und ihre Füße wandernde
Träume.

Und süße Wetter mit blauen Wehen
Wärmen meine Schlummer

Immer in den Nächten,
Deren Tage meiner Mutter Krone tragen.

Und ich trinke aus dem Monde stillen Wein,
Wenn die Nacht einsam kommt.

Meine Lieder trugen des Sommers Bläue
Und kehrten düster heim.

– Ihr verhöhntet meine Lippe
Und redet mit ihr. –

Doch ich griff nach euren Händen,
Denn meine Liebe ist ein Kind und wollte spielen.

Und ich artete mich nach euch,
Weil ich mich nach dem Menschen sehnte.

Arm bin ich geworden
An eurer bettelnden Wohltat.

Und das Meer wird es wehklagen
Gott.

Ich bin der Hieroglyph,
Der unter der Schöpfung steht

Und mein Auge
Ist der Gipfel der Zeit;

Sein Leuchten küßt Gottes Saum.

Mein Sterbelied

Die Nacht ist weich von Rosensanftmut ...
Komm gieb mir Deine beiden Hände her,
Mein Herz pocht spät
Und durch mein Blut
Wandert die letzte Nacht und geht
Und naht so weit und ewig wie ein Meer.

Und hast Du mich so sehr geliebt,
So nimm das Jubelndste von Deinem Tag,
Gieb mir, was keine Wolke trübt,
Das Gold von seinem frühsten Lenzschein ...
Es wallen Harmonien aus der Nachtlandferne
Ich ziehe ein
Und werde Leben sein
Und Leben mich an Leben schmiegen,
Wenn über mir Paradiessterne
Ihre ersten Menschen wiegen.

Mein Liebeslied

Wie ein heimlicher Brunnen
Murmelt mein Blut,
Immer von Dir, immer von mir.
Unter dem taumelnden Mond
Tanzen meine nackten, suchenden Träume,
Nachtwandelnde, fiebernde Kinder,
Leise über düstere Hecken.
O, Deine Lippen sind sonnig ....
Diese Rauschedüfte Deiner Lippen ....
Und aus blauen Dolden, silberumringt
Lächelst Du ... Du, Du.
Immer das schlängelnde Geriesel
    Auf meiner Haut
Über die Schulter hinweg –
    Ich lausche ....
Wie ein heimlicher Brunnen
Murmelt mein Blut ...

Der Letzte

Wilde Winde wehte ich,
Bis ich stand.
Alle Sterne träumen von mir,
Und ihre Strahlen werden goldener,
Und meine Ferne undurchdringlicher.
Ich lehne am geschlossenen Lid der Nacht
Und horche in die Ruhe.
Wie mich der Mond umwandelt,
Immer leises, blindes Geschimmer murmelnd,
Ein Derwisch ist er in seinem Wandeltanz.
Weißgelbenjung hing sein Schein
Schaumleicht an der Nacht,
Und jäh über die Wolken sein Lawinengedröhne
Immer grauab
Mir zur Seite streifte sein Gold.
Mein Heimatmeer lauscht still in meinem Schoß,
Helles Schlafen – dunkles Wachen .....
In meiner Hand liegt schwer mein Volk begraben,
Und Wetter ziehen schüchtern über mich.
Ich lehne am geschlossenen Lid der Nacht
Und horche in die Ruhe.

Weltende.

Es ist ein Weinen in der Welt,
als ob der liebe Gott gestorben wär,
und der bleierne Schatten, der niederfällt,
lastet grabesschwer.

Komm, wir wollen uns näher verbergen ...
Das Leben liegt in aller Herzen
wie in Särgen.

Du, wir wollen uns tief küssen ...
Es pocht eine Sehnsucht an die Welt,
an der wir sterben müssen.

DAS PETER HILLE-BUCH
(1906)

⟨Die Pavianmutter singt ihr Paviänchen
in den Schlaf⟩

Schlafe, schlafe,
Mein Rosenpöpöchen,
Mein Zuckerläuschen,
Mein Goldflöhchen,
Morgen wird die Kaiserin aus Asien kommen
Mit Zucker, Chokoladen und Bombommen,
Schnell, schnell,
Hase Hase machen,
Sonst kriegt Blaumäulchen nichts von den Sachen.

⟨Lampe Pampe Rampe⟩

Lampe Pampe Rampe
Kämmchen Flämmchen Lämmchen Du
Döschen Klöschen Röschen
Kleinchen Meinchen Du.

⟨Der Abend ruht auf meiner Stirne⟩

Der Abend ruht auf meiner Stirne,
Ich habe dich nicht murmeln gehört, Mensch,
Dein Herz nicht rauschen gehört –
Und ist dein Herz nicht die tiefste Muschel der Erde
O, wie ich träumte nach diesem Erdton.
Ich lauschte dem Klingen deiner Freude,
An deinem Zagen lehnte ich und horchte,
Aber tot ist dein Herz und erdvergessen.
O, wie ich sann nach diesem Erdton ....
Der Abend drückt ihn kühl auf meine Stirne.

DIE NÄCHTE DER TINO VON BAGDAD
(1907)

Mein Lied

Schlafend fällt das nächtliche Laub
O, du stiller dunkelster Wald ....

Kommt das Licht mit dem Himmel
Wie soll ich wach werden?
Überall wo ich gehe
Rauscht ein dunkler Wald;

Und bin doch dein spielender Herzschelm, Erde,
Denn mein Herz murmelt das Lied
Moosalter Bäche der Wälder.

Ich frage nicht mehr

Ich weiss wer auf den Sternen wohnt …

Mein Herz sinkt tief in die Nacht.
So sterben Liebende
Immer an zärtlichen Himmeln vorbei.

Und atmen wieder dem Morgen entgegen
Auf frühleisen Schweben.
Ich aber wandele mit den heimkehrenden Sternen.

Und ich habe viele schlafende Knospen ausgelöscht,
Will ihr Sterben nicht sehn,
Wenn die Rosenhimmel tanzen.

Aus dem Gold meiner Stirne leuchtet der Smaragd,
Der den Sommer färbt.
Ich bin eine Prinzessin.

Mein Herz sinkt tief in die Nacht
An Liebende vorbei.

Aber ich finde dich nicht mehr ......

Ich gleite meinen lallenden Händen nach
Die suchen überall nach dir.

Aber ich finde dich nicht mehr
Unter den Dattelbäumen
Unter den Zweigen der Träume.

Alle meine starren Kronen sind zerflossen
Vor deinem Lächeln
Und zwischen unseren Lippen jauchzten die Engel.

Ich will meine Augen nicht mehr öffnen
Wenn sie sich nicht
Mit deiner Süsse füllen.

Heimlich zur Nacht

Ich habe dich gewählt
Unter allen Sternen.

Und bin wach – eine lauschende Blume
Im summenden Laub.

Unsere Lippen wollen Honig bereiten
Unsere schimmernden Nächte sind aufgeblüht.

An dem seligen Glanz deines Leibes
Zündet mein Herz seine Himmel an –

Alle meine Träume hängen an deinem Golde
Ich habe dich gewählt unter allen Sternen.

Ich träume so leise von dir – – –

Immer kommen am Morgen schmerzliche Farben,
Die sind, wie deine Seele.

O, ich muss an dich denken
Und überall blühen so traurige Augen.

Und ich habe dir doch von grossen Sternen erzählt,
Aber du hast zur Erde gesehn.

Nächte wachsen aus meinem Kopf,
Ich weiss nicht wo ich hin soll.

Ich träume so leise von dir –
Weiss hängt die Seide schon über meinen Augen.

Warum hast du nicht um mich
Die Erde gelassen – sage? ……

Du es ist Nacht –

Wir wollen unsere Sehnsucht teilen,
Und in die Goldgebilde blicken ..

Auf der Strasse sitzt immer eine Tote
Und bettelt um Almosen.

Und summt meine Lieder
Schon einen weissgewordenen Sommer lang.

Über den Grabweg hinweg
Wollen wir uns lieben,

Tollkühne Knaben,
Könige, die sich nur mit dem Szepter berühren.

– Frage nicht – ich lausche
Deiner Augen Rauschehonig.

Die Nacht ist eine weiche Rose
Wir wollen uns in ihren Kelch legen,

Immer ferner versinken,
Ich bin müde vom Tod.

Wenn ich nicht bald eine blaue Insel finde ….
Erzähle mir von ihren Wundern!!

Das Lied meines Lebens

Sieh in mein verwandertes Gesicht ....
Tiefer beugen sich die Sterne
Sieh in mein verwandertes Gesicht.

Alle meine Blumenwege
Führen auf dunkle Gewässer,
Geschwister, die sich tötlich stritten.

Greise sind die Sterne geworden .....
Sieh in mein verwandertes Gesicht.

MEINE WUNDER

(1911)

Nun schlummert meine Seele –

Der Sturm hat ihre Stämme gefällt
O, meine Seele war ein Wald.

Hast du mich weinen gehört?
Weil deine Augen bang geöffnet stehn.
Sterne streuen Nacht
In mein vergossenes Blut.

Nun schlummert meine Seele
Zagend auf Zehen.
O, meine Seele war ein Wald;
Palmen schatteten,
An den Aesten hing die Liebe.
Tröste meine Seele im Schlummer.

Ankunft

Ich bin am Ziel meines Herzens angelangt
Weiter führt kein Strahl.
Hinter mir laß ich die Welt
Fliegen die Sterne auf: Goldene Vögel.

Hißt der Mondturm die Dunkelheit –
…. O, wie mich leise eine süße Weise betönt …
Aber meine Schultern heben sich, hochmütige
                                        Kuppeln.

Versöhnung

Es wird ein großer Stern in meinen Schoß fallen ...
Wir wollen wachen die Nacht,

In den Sprachen beten
Die wie Harfen eingeschnitten sind.

Wir wollen uns versöhnen die Nacht –
So viel Gott strömt über.

Kinder sind unsere Herzen,
Die möchten ruhen müdesüß.

Und unsere Lippen wollen sich küssen,
Was zagst du?

Grenzt nicht mein Herz an deins –
Immer färbt dein Blut meine Wangen rot.

Wir wollen uns versöhnen die Nacht,
Wenn wir uns herzen, sterben wir nicht.

Es wird ein großer Stern in meinen Schoß fallen.

Leise sagen –

Du nahmst dir alle Sterne
Ueber meinem Herzen.

Meine Gedanken kräuseln sich
Ich muß tanzen.

Immer tust du das, was mich aufschauen läßt,
Mein Leben zu müden.

Ich kann den Abend nicht mehr
Ueber die Hecken tragen.

Im Spiegel der Bäche
Finde ich mein Bild nicht mehr.

Dem Erzengel hast du
Die schwebenden Augen gestohlen.

Aber ich nasche vom Seim
Ihrer Bläue.

Mein Herz geht langsam unter
Ich weiß nicht wo –

Vielleicht in deiner Hand.
Ueberall greift sie an mein Gewebe.

Ein alter Tibetteppich

Deine Seele, die die meine liebet
Ist verwirkt mit ihr im Teppichtibet

Strahl in Strahl, verliebte Farben,
Sterne, die sich himmellang umwarben.

Unsere Füsse ruhen auf der Kostbarkeit
Maschentausendabertausendweit.

Süsser Lamasohn auf Moschuspflanzentron
Wie lange küsst dein Mund den meinen wohl
Und Wang die Wange buntgeknüpfte Zeiten schon.

Ich bin traurig ....

Deine Küsse dunkeln, auf meinem Mund.
Du hast mich nicht mehr lieb.

Und wie du kamst –!
Blau vor Paradies.

Um deinen süsesten Brunnen
Gaukelte mein Herz.

Nun will ich es schminken,
Wie die Freudenmädchen
Die welke Rose ihrer Lende röten.

Unsere Augen sind halb geschlossen,
Wie sterbende Himmel –

Alt ist der Mond geworden.
Die Nacht wird nicht mehr wach.

Du erinnerst dich meiner kaum.
Wo soll ich mit meinem Herzen hin?

Die Liebe

Verstecke mich in deinem Süßblut
Nähe mich in den Saum deiner Haut ein.

Immer tragen wir Herz vom Herzen uns zu.
Pochende Naht
Hält unsere Schwellen vereint.

Wo mag der Tod mein Herz lassen?
In einem Brunnen, der fremd rauscht –

In einem Garten, der steinern steht –
Er wird es in einen reißenden Fluß werfen.

Mir bangt vor der Nacht
Daran kein Stern hängt.

Denn unzählige Sterne meines Herzens
Vergolden deinen Blutspiegel.

Liebe ist aus unserer Liebe vielfältig erblüht.
Wo mag der Tod mein Herz lassen?

Abend

Hauche über den Frost meines Herzens
Und wenn du es zwitschern hörst
Fürchte dich nicht vor seinem schwarzen Lenz.

Immer dachte das kalte Wundergespenst an mich
Und säte unter meinen Füßen – Schierling.

Nun prägt in Sternen auf meine Leibessäule
Ein weinender Engel die Inschrift.

Und suche Gott

Ich habe immer vor dem Rauschen meines
                                    Herzens gelegen
Und nie den Morgen gesehen
Nie Gott gesucht.
Nun aber wandele ich um meines Kindes
Goldgedichtete Glieder
Und suche Gott.
Ich bin müde vom Schlummer
Weiß nur vom Antlitz der Nacht.
Ich fürchte mich vor der Frühe
Sie hat ein Gesicht
Wie die Menschen, die fragen.
Ich habe immer vor dem Rauschen
Meines Herzens gelegen
Nun aber taste ich um meines Kindes
Gottgelichtete Glieder.

Mein Liebeslied

Auf deinen Wangen liegen
Goldene Tauben.

Aber dein Herz ist ein Wirbelwind,
Dein Blut rauscht, wie mein Blut –

Süß
An Himbeersträuchern vorbei.

O, ich denke an dich – –
Die Nacht frage nur.

Niemand kann so schön
Mit deinen Händen spielen,

Schlösser bauen, wie ich
Aus Goldfinger;

Burgen mit hohen Türmen!
Strandräuber sind wir dann.

Wenn du da bist,
Bin ich immer reich.

Du nimmst mich so zu dir,
Ich sehe dein Herz sternen.

Schillernde Eidechsen
Sind deine Geweide.

Du bist ganz aus Gold –
Alle Lippen halten den Atem an.

Heimweh

Ich kann die Sprache
Dieses kühlen Landes nicht
Und seinen Schritt nicht gehn.

Auch die Wolken, die vorbeiziehn,
Weiß ich nicht zu deuten.

Die Nacht ist eine Stiefkönigin.

Immer muß ich an die Pharaonenwälder denken
Und küsse die Bilder meiner Sterne.

Meine Lippen leuchten schon
Und sprechen Fernes,

Und bin ein buntes Bilderbuch
Auf deinem Schoß;

Aber dein Antlitz spinnt
Einen Schleier aus Weinen –

Meinen schillernden Vögeln
Sind die Korallen ausgestochen,

An den Hecken der Gärten
Versteinern sich ihre weichen Nester.

Wer salbt meine toten Paläste –
Sie trugen die Kronen meiner Väter,
Ihre Gebete versanken im heiligen Fluß.

Meine Mutter

War sie der große Engel,
Der neben mir ging?

Oder liegt meine Mutter begraben
Unter dem Himmel von Rauch –
Nie blüht es blau über ihrem Tode.

Wenn meine Augen doch hell schienen
Und ihr Licht brächten.

Wäre mein Lächeln nicht versunken im Antlitz,
Ich würde es über ihr Grab hängen.

Aber ich weiß einen Stern,
Auf dem immer Tag ist;
Den will ich über ihre Erde tragen.

Ich werde jetzt immer ganz allein sein
Wie der große Engel,
Der neben mir ging.

Rast

Mit einem stillen Menschen will ich wandern
Über die Berge meiner Heimat
Schluchzend über Schluchten,
Über hingestreckte Lüfte.

Überall beugen sich die Zedern
Und streuen Blüten.

Aber meine Schulter hängt herab
Von der Last des Flügels.
Suche ewige, stille Hände:
Mit meiner Heimat will ich wandern.

Maria.

Träume, säume, Marienmädchen
Überall löscht der Rosenwind
Die schwarzen Sterne aus.
   Wiege im Arme
   Dein Seelchen.

Alle Kinder kommen auf Lämmern
   Zottehotte geritten
   Gottlinchen sehen
Und die vielen Schimmerblumen
   An den Hecken ....

   Hahle, hahle,
Der grosse Himmel da
Geht spazieren im kurzen Blaukleide!

   Träume, säume, Marienmädchen.

Die Königin

Für Kete Parsenow

Du bist das Wunder im Land,
Rosenöl fließt unter deiner Haut.

Vom Gegold deiner Haare
Nippen Träume;
Ihre Deutungen verkünden Dichter.

Du bist dunkel vor Gold –
Auf deinem Antlitz erwachen
Die Nächte der Liebenden.

Ein Lied bist du
Gestickt auf Blondgrund,
Du stehst im Mond ....

Immer wiegen dich
Die Bambusweiden.

Vollmond.

Leise schwimmt der Mond durch mein Blut …
Schlummernde Töne sind die Augen der Tage.
Wandelhin … taumelher …
Ich kann Deine Lippen nicht finden.
Wo bist Du ferne Stadt
Mit den segnenden Düften …..
Immer senken sich meine Lider
Ueber die Welt
    Alles schläft ….
Und hinter dem Mittag beugt sich
Ein alter, traumweißer Wind
Und bläst die Sonne aus.

MEIN HERZ
(1912)

⟨An den Ritter⟩

Gar keine Sonne ist mehr,
Aber dein Angesicht scheint.

Und die Nacht ohne Wunder,
Du bist mein Schlummer.

Dein Auge zuckt wie Sternschnuppe –
Immer wünsche ich mir etwas.

Lauter Gold ist dein Lachen,
Mein Herz tanzt in den Himmel.

Wenn eine Wolke kommt –
Sterbe ich.

⟨An den Prinzen Tristan⟩

Auf deiner blauen Seele
Setzen sich die Sterne zur Nacht.

Man muß leise mit dir sein,
O, du mein Tempel,
Meine Gebete erschrecken dich;

Meine Perlen werden wach
Von meinem heiligen Tanz.

Es ist nicht Tag und nicht Stern,
Ich kenne die Welt nicht mehr,
Nur dich – alles ist Himmel.

⟨An den Ritter aus Gold⟩

Du bist alles was aus Gold ist
In der großen Welt.

Ich suche deine Sterne
Und will nicht schlafen.

Wir wollen uns hinter Hecken legen
Uns niemehr aufrichten.

Aus unseren Händen
Süße Träumerei küssen.

Mein Herz holt sich
Von deinem Munde Rosen.

Meine Augen lieben dich an,
Du haschst nach ihren Faltern.

Was soll ich tun,
Wenn du nicht da bist.

Von meinen Lidern
Tropft schwarzer Schnee;

Wenn ich tot bin,
Spiele du mit meiner Seele.

⟨Reiter und Reichsritter⟩

Reiter und Reichsritter,
Bitter riß ich im Gewitter
Im Ginster vor Ihrem Gitter
Mein Manuskript in Splitter.

Jussufs Herz blutet für sein Volk

Mein Volk

Der Fels wird morsch,
Dem ich entspringe
Und meine Gotteslieder singe …
Jäh stürz ich vom Weg
Und riesele ganz in mir
Fernab, allein über Klagegestein
Dem Meer zu.

Hab mich so abgeströmt
Von meines Blutes
Mostvergorenheit.
Und immer, immer noch der Widerhall
In mir,
Wenn schauerlich gen Ost
Das morsche Felsgebein
Mein Volk
Zu Gott schreit.

Abraham und Isaak

Abraham baute in der Landschaft Eden
Sich eine Stadt aus Erde und aus Blatt
Und übte sich mit Gott zu reden.

Die Engel ruhten gern vor seiner frommen Hütte
Und Abraham erkannte jeden;
Himmlische Zeichen ließen ihre Flügelschritte.

Bis sie dann einmal bang in ihren Träumen
Meckern hörten die gequälten Böcke
Mit denen Isaak opfern spielte hinter
                                        Süßholzbäumen.

Und Gott ermahnte Abraham;
Er brach vom Kamm des Meeres Muscheln ab
                                        und Schwamm
Hoch auf den Blöcken den Altar zu schmücken.

Und trug den einzigen Sohn gebunden auf den
                                        Rücken
Zu werden seinem großen Herrn gerecht –
Der aber liebte seinen Knecht.

Jakob

Jakob war der Büffel seiner Herde.
Wenn er stampfte mit den Hufen
Sprühte unter ihm die Erde.

Brüllend ließ er die gescheckten Brüder,
Rannte in den Urwald an die Flüsse,
Stillte dort das Blut der Affenbisse.

Durch die müden Schmerzen in den Knöcheln
Sank er vor dem Himmel fiebernd nieder
Und sein Ochsgesicht erschuf das Lächeln.

Esther

Esther ist schlank wie die Feldpalme
Nach ihren Lippen duften die Weizenhalme
Und die Feiertage, die in Juda fallen.

Nachts ruht ihr Herz auf einem Psalme
Die Götzen lauschen in den Hallen.

Der König lächelt ihrem Nahen entgegen –
Denn überall blickt Gott auf Esther.

Die jungen Juden dichten Lieder an die Schwester
Die sie in Säulen ihres Vorraums prägen.

Pharao und Joseph

Pharao verstößt seine blühenden Weiber,
Sie duften nach den Gärten Amons.

Sein Königskopf ruht auf meiner Schulter,
Die strömt Korngeruch aus.

Pharao ist von Gold.
Seine Augen gehen und kommen
Wie schillernde Nilwellen.

Sein Herz aber liegt in meinem Blut.
Zehn Wölfe gingen an meine Tränke.

Immer denkt Pharao
An meine Brüder,
Die mich in die Grube warfen.

Säulen werden im Schlaf seine Arme
Und drohen.

Aber sein träumerisch Herz
Rauscht auf meinem Grund.

Darum dichten meine Lippen
Große Süßigkeiten
Im Weizen unseres Morgens.

An Gott

Du wehrst den guten und den bösen Sternen nicht;
All ihre Launen strömen.
In meiner Stirne schmerzt die Furche,
Die tiefe Krone mit dem düsteren Licht.

Und meine Welt ist still –
Du wehrtest meiner Laune nicht.
Gott, wo bist du?

Ich möchte nah an deinem Herzen lauschen,
Mit deiner fernsten Nähe mich vertauschen,
Wenn goldverklärt in deinem Reich
Aus tausendseligem Licht
Alle die guten und die bösen Brunnen rauschen.

David und Jonathan

In der Bibel stehn wir geschrieben
Buntumschlungen.

Aber unsere Knabenspiele
Leben weiter im Stern.

Ich bin David,
Du mein Spielgefährte.

O, wir färbten
Unsere weißen Widderherzen rot;

Wie die Knospen an den Liebespsalmen
Unter Feiertagshimmel.

Deine Abschiedsaugen aber –
Immer nimmst du still im Kusse Abschied.

Und was soll dein Herz
Noch ohne meines –

Deine Süßnacht
Ohne meine Lieder.

Zebaoth

Gott, ich liebe dich in deinem Rosenkleide,
Wenn du aus deinen Gärten trittst, Zebaoth,
O, du Gottjüngling.
Du Dichter,
Ich trinke einsam von deinen Düften.

Meine erste Blüte Blut sehnte sich nach dir,
So komme doch,
Du süßer Gott,
Du Gespiele Gott,
Deines Tores Gold schmilzt an meiner Sehnsucht.

Jakob und Esau

Rebekkas Magd ist eine himmlische Fremde,
Aus Rosenblättern trägt die Engelin ein Hemde
Und einen Stern im Angesicht.

Und immer blickt sie auf zum Licht,
Und ihre sanften Hände lesen
Aus goldenen Linsen ein Gericht.

Jakob und Esau blühn an ihrem Wesen
Und streiten um die Süßigkeiten nicht,
Die sie in ihrem Schoß zum Mahle bricht.

Der Bruder läßt dem jüngeren die Jagd
Und all sein Erbe für den Dienst der Magd;
Um seine Schultern schlägt er wild das Dickicht.

Boas

Ruth sucht überall
Nach goldenen Kornblumen
An den Hütten der Brothüter vorbei –

Bringt süßen Sturm
Und glitzernde Spielerei
Ueber Boas Herz;

Das wogt ganz hoch
Ueber seine Korngärten
Der fremden Schnitterin zu.

GESICHTE
(1913)

Franz Werfel

Ein entzückender Schuljunge ist er.
Lauter Lehrer spuken in seinem Lockenkopf.

Sein Name ist so mutwillig:
Franz Werfel.

Immer schreib' ich ihm glühende Liebesbriefe,
Die unbeantwortet bleiben.

Aber wir lieben ihn alle
Seines zarten, zärtlichen Herzens wegen.

Sein Herz hat Echo,
Pocht verwundert.

Und fromm werden seine Lippen
Im Gedicht.

Manches trägt einen staubigen Turban.
Er ist der Enkel seiner eigenen Verse.

Doch auf seiner Lippe
Ist eine Nachtigall gemalt.

Mein Garten singt,
Wenn er ihn verläßt.

Immerblau streut seine Stimme
Über den Weg.

Albert Heine – Herodes V. Aufzug
Berliner Theater

Hinter Deiner stolzen, ewigen Wimper gingen wir
unter.
Schwermütige Sterne brannten auf Deinem Lide.

Deine große Hand beugte das Meer
Und brach ihm die Perlen vom Grund.

Die Wüste war dein Schild
In der Schlacht.

An Dich dürfen nur Dichter und Dichterinnen
denken,
Mit Dir nur Könige und Königinnen trauern.

Alle Leiber der Stadt ringeln sich
Giftig um Deinen Leib.
Deine Schwester bespie den Traumstein Deiner
Liebe.

Du, ein beraubter Palast,
Judas schwankende Säule,
Völker bedrohend.

So arg mag nur ein Schöpfer lichtmitten
Seiner Reiche zerbersten.

Paul Zech

Sing Groatvatter woar dat verwunschene Bäuerlein
Aus Grimm sinne Märchens.

Der Enkelsonn ist ein Dichter.
Paul Zech schreibt mit der Axt seine Verse.

Man kann sie in die Hand nehmen,
So hart sind die.

Sein Vers wird zum Geschick
Und zum murrenden Volk.

Er läßt Qualm durch sein Herz dringen:
Ein düsterer Beter.

Aber seine Kristallaugen blicken
Unzählige Male den Morgen der Welt.

Meine Mutter

O, Mutter wenn du leben würdest
Dann möchte ich spielen in deinem Schoß.

Mir ist bang und mein Herz schmerzt
Von der vielen Pein.
Ueberall sprießt Blutlaub.

Wo soll mein Kind hin?
Ich baute keinen Pfad froh
Alle Erde ist aufgewühlt.

Liebe, liebe Mutter.

Mein Kind.

Mein Kind schreit auf um die Mitternacht
Und ist so heiss aus dem Traum erwacht
Wie meine sehnende Jugend.

Gäb' ihm so gern meines Blutes Mai,
Spräng' nur mein bebendes Herz entzwei.

– Der Tod schleicht im Hyänenfell
Am Himmelsstreif im Mondeshell.

Aber die Erde im Blütenkeusch
Singt Lenz im kreisenden Weltgeräusch.

Und wundersüss küsst der Maienwind
Als duftender Gottesbote mein Kind.

Ein Ticktackliedchen für Päulchen

Mein Hämmerchen, mein Kämmerchen
    Pamm pamm, pumm pumm
    pamm pamm, pumm pumm

Mein Schläferchen, mein Käferchen
    pumm pumm, pamm pamm,
    pumm pumm, pamm pamm,

Mein Ührchen tick, mein Türchen tack
    tick tack, tick tack
    knackknack, ticktack.

Antinous

Adi André-Douglas

Der kleine Süsskönig
Muss mit goldenen Bällen spielen.

In bunten Brunnen
Blaugeträufel, honiggold,
Seine Spielehände kühlen.

Antinous,
Wildfang, Güldklang,
Kuchenkorn mahlen alle Mühlen.

Antinous,
Du kleiner Spielkönig
In den Himmel fährt es schön auf Schaukelstühlen.

O, wie lustige Falter seine Augen sind
Und die Schelme all in seiner Wange
Und sein Herzchen beisst will mans befühlen.

Verinnerlicht

Ich denke immer ans Sterben,
Mich hat niemand lieb.

Ich wollt, ich wär still Heiligenbild
Und alles in mir ausgelöscht.

Träumerisch färbte Abendrot
Meine Augen wund verweint.

Weiß nicht, wo ich hin soll
Wie überall zu dir.

Bist meine heimliche Heimat
Und will nichts Leiseres mehr.

Wie blühte ich gern süß empor
An deinem Herzen himmelblau,

Lauter weiche Wege
Legte ich um dein pochend Haus.

Dem Prinzen von Marokko

O, du Süssgeliebter, dein Angesicht ist mein
                                        Palmengarten,
Deine Augen sind schimmernde Nile
Lässig um meinen Tanz.

In deinem Angesicht sind verzaubert
Alle die Bilder meines Blutes,
Alle die Nächte, die sich in mir gespiegelt haben.

Wenn deine Lippen sich öffnen
Verraten sie meine Seligkeiten.

Immer dieses Pochen nach dir –
Und hatte schon geopfert meine Seele.

Du musst mich inbrünstig küssen,
Süsserlei Herzspiel;
Wir wollen uns im Himmel verstecken.

O, du Süssgeliebter.

»WENN DU SPRICHST/
WACHT MEIN BUNTES HERZ AUF«

Gottfried Benn

Der hehre König Giselheer
Stieß mit seinem Lanzenspeer
Mitten in mein Herz.

O, deine Hände

O, deine Hände –

Sind meine Kinder.
Alle meine Spielsachen
Liegen in ihren Gruben.

Immer spiel ich Soldaten
Mit deinen Fingern, kleine Reiter,
Bis sie umfallen.

Wie ich sie liebe
Deine Bubenhände, die zwei.

Giselheer dem Heiden

Ich weine –
Meine Träume fallen in die Welt.

In meine Dunkelheit
Wagt sich kein Hirte.

Meine Augen zeigen nicht den Weg
Wie die Sterne.

Immer bettle ich vor deiner Seele;
Weißt du das?

Wär ich doch blind –
Dächte dann, ich läg in deinem Leib.

Alle Blüten täte ich
Zu deinem Blut.

Ich bin vielreich
Niemand kann mich pflücken;

Oder meine Gabeln tragen
Heim.

Ich will dich ganz zart mich lehren;
Schon weißt du mich zu nennen.

Sieh meine Farben,
Schwarz und stern

Und mag den kühlen Tag nicht,
Der hat ein Glasauge.

Giselheer dem Knaben

An meiner Wimper hängt ein Stern,
Es ist hell
Wie soll ich schlafen –

Und möchte mit dir spielen.
– Ich habe keine Heimat –
Wir spielen König und Prinz.

Ich bin dein Prinz
Dein Leib ist hold
Aus allen bunten Farben.

Dein Leib ist eine Seele.

Giselheer dem König

Ich bin so allein
Fänd ich den Schatten
Eines süßen Herzens.

– Oder mir Jemand
Einen Stern schenkte –

Immer fingen ihn
Die Engel auf
So hin und her.

Kann nicht beten
Vor Schluchzen.

Und fürchte mich
Vor der schwarzen Erde.
Wie soll ich fort?

Möchte in den Wolken
Begraben sein,
Überall wo Sonne wächst.

Liebe dich so!
Du mich auch?
Sag es doch – – –

Das Lied des Spielprinzen

Wie kann ich dich mehr noch lieben?
Ich sehe den Tieren und Blumen
Bei der Liebe zu.

Küssen sich zwei Sterne
Oder bilden Wolken ein Bild –
Wir spielten es schon zarter.

Und deine harte Stirne,
Ich kann mich so recht an sie lehnen,
Sitz drauf wie auf einem Giebel.

Und in deines Kinnes Grube
Bau ich mir ein Raubnest –
Bis du mich aufgefressen hast.

Find dann einmal morgens
Nur noch meine Kniee,
Zwei gelbe Skarabäen für eines Kaisers Ring.

Hinter Bäumen berg' ich mich.

Hinter Bäumen berg ich mich –

Bis meine Augen
Ausgeregnet haben.

Und halte sie tief verschlossen,
Daß niemand dein Bild schaut.

Ich schlang meine Arme um dich
Wie Gerank;

Bin doch mit dir verwachsen,
Warum reißt du mich von dir?

Ich schenkte dir die Levkoje
Meines Leibes,

Alle meine Schmetterlinge scheuchte ich
In deinen Garten.

Immer ging ich durch Granaten,
Sah durch mein Blut

Die Welt überall brennen
Vor Liebe.

Schlage mit der Stirn nun
Meine Tempelwände düster.

Du falscher Gaukler,
Du spanntest ein loses Seil.

Wie kalt nun alle Grüße sind.
Mein Herz liegt bloß,

Mein rot Fahrzeug
Pocht grausig;

Bin immer auf See
O, ich fühl, ich lande nie.

Giselheer dem Tiger

Über dein Gesicht schleichen die Dschungeln.
O, wie du bist!

Deine Tigeraugen sind süß geworden
In der Sonne.

Ich trag dich immer herum
Zwischen meinen Zähnen.

Du mein Indianerbuch,
Wild West,
Siouxhäuptling!

Im Zwielicht schmachte ich
Gebunden am Buxbaumstamm –

Ich kann nicht mehr sein
Ohne das Scalpspiel.

Rote Küsse malen deine Messer
Auf meine Brust –

Bis mein Haar an deinem Gürtel flattert.

O Gott

Überall nur kurzer Schlaf
Im Mensch, im Grün, im Kelch der Winde.
Jeder kehrt in sein totes Herz heim.

– Ich wollt mein Liebster war' ein Kind –
Er wüßte noch vom ersten Atem zu erzählen.

Früher war eine große Frömmigkeit am Himmel,
Gaben sich die Sterne die Bibel zu lesen.
Könnte ich einmal Gottes Hand fassen
Oder den Mond an seinem Finger sehn.

O Gott, o Gott, wie weit bin ich von dir!

Höre!

Ich raube in den Nächten
Die Rosen deines Mundes,
Daß keine Weibin Trinken findet.

Die dich umarmt,
Stiehlt mir von meinen Schauern,
Die ich um deine Glieder malte.

Ich bin dein Wegrand.
Die dich streift,
Stürzt ab.

Fühlst du mein Lebtum
Überall
Wie ferner Saum?

An den Herzog von Vineta

Der Himmel trägt im Wolkengürtel
den gebogenen Mond.

Unter dem Sichelbild
will ich in deiner Hand ruhn.

Immer muß ich wie der Sturm will
bin ein Meer ohne Strand.

Aber seit du meine Muscheln suchst,
leuchtet mein Herz.

Das liegt auf meinem Grund
verzaubert.

Vielleicht ist mein Herz die Welt
pocht –

und sucht nur noch dich –
wie soll ich dich rufen?

Dem Barbaren

Ich liege in den Nächten
Auf deinem Angesicht.

Auf deines Leibes Steppe
Pflanze ich Cedern und Mandelbäume.

Ich wühle in deiner Brust unermüdlich
Nach den goldenen Freuden Pharaos.

Aber deine Lippen sind schwer,
Meine Wunder erlösen sie nicht.

Hebe doch deine Schneehimmel
Von meiner Seele –

Deine diamantnen Träume
Schneiden meine Adern auf.

Ich bin Joseph und trage einen süssen Gürtel
Um meine bunte Haut.

Dich beglückt das erschrockene Rauschen
Meiner Muscheln.

Aber mein Herz lässt keine Meere mehr ein.
O du!!

Mein Herz heult schon über deine rauhen Ebenen
Und verscheucht meine seligen Sterne.

O ich möcht aus der Welt!

Dann weinst du um mich.
Blutbuchen schüren
Meine Träume kriegerisch.

Durch finster Gestrüpp
Muß ich
Und Gräben und Wasser

Immer schlägt wilde Welle
An mein Herz,
Innerer Feind.

O ich möcht aus der Welt!
Aber auch fern von ihr
Irr ich ein Flackerlicht

Um Gottes Grab.

An den Prinzen Benjamin

Wenn du sprichst,
Wacht mein buntes Herz auf.

Alle Vögel üben sich
Auf deinen Lippen.

Immerblau streut deine Stimme
Über den Weg;

Wo du erzählst wird Himmel.

Deine Worte sind aus Lied geformt,
Ich traure, wenn du schweigst.

Singen hängt überall an dir –
Wie du wohl träumen magst?

Siehst du mich –

Zwischen Erde und Himmel?
Nie ging einer über meinem Pfad

Aber dein Antlitz wärmt meine Welt
Von dir geht alles Blühen aus.

Wenn du mich ansiehst,
Wird mein Herz süß.

Ich liege unter deinem Lächeln
Und lerne Tag und Nacht bereiten

Dich hinzaubern und vergehen lassen,
Immer spiele ich das eine Spiel.

Ein Liebeslied

Aus goldenem Odem
Erschufen uns Himmel.
O, wie wir uns lieben ....

Vögel werden Knospen an den Aesten,
Und Rosen flattern auf.

Immer suche ich nach deinen Lippen
Hinter tausend Küssen.

Eine Nacht aus Gold..
Sterne aus Nacht..
Niemand sieht uns.

Kommt das Licht mit dem Grün,
Schlummern wir.
Nur unsere Schultern spielen noch wie Falter.

Sascha

Um deine Lippen blüht noch jung
Der Trotz dunkelrot,

Aber auf deiner Stirn sind meine Gebete
Vom Sturm verwittert.

Daß wir uns im Leben
Nie küssen sollten …

Nun bist du der Engel,
Der auf meinem Grab steht.

Das Atmen der Erde bewegt
Meinen Leib wie Lebendig.

Mein Herz scheint hell
Vom Rosenblut der Hecken.

Aber ich bin tot, Sascha,
Und das Lächeln liegt abgepflückt
Nur noch kurz auf meinem Gesicht.

Senna Hoy

Seit du begraben liegst auf dem Hügel
Ist die Erde süß.

Wo ich hingehe nun auf Zehen,
Wandele ich über reine Wege.

O, deines Blutes Rosen
Durchtränken sanft den Tod.

Ich habe keine Furcht mehr
Vor dem Sterben.

Auf deinem Hügel blühe ich schon
Mit den Blumen der Schlingpflanzen.

Deine Lippen haben mich immer gerufen,
Nun weiß mein Name nicht mehr zurück.

Jede Schaufel Erde, die dich barg,
Verschüttete auch mich.

Darum ist immer Nacht an mir
Und Sterne schon in der Dämmerung.

Und ich bin unbegreiflich unseren Freunden
Und ganz fremd geworden.

Aber du stehst am Tor der stillsten Stadt
Und wartest auf mich, du Großengel.

Dem Herzog von Leipzig

Deine Augen sind gestorben;
Du warst so lange auf dem Meer.

Aber auch ich bin
Ohne Strand.

Meine Stirne ist aus Muschel.
Tang und Seestern hängen an mir.

Einmal möchte ich mit meiner ziellosen Hand
Über dein Gesicht fassen,

Oder eine Eidechse über deine Lippen
Liebentlang mich kräuseln.

Weihrauch strömt aus deiner Haut
Und ich will dich feiern,

Dir bringen meine Gärten;
Überall blüht mein Herz bunt auf.

Aber deine Brauen sind Unwetter …

In der Nacht schweb ich ruhlos am Himmel
Und werde nicht dunkel vom Schlaf.

Um mein Herz schwirren Träume
Und wollen Süßigkeit.

Ich habe lauter Zacken an den Randen;
Nur du trinkst Gold unversehrt.

Ich bin ein Stern
In der blauen Wolke deines Angesichts.

Wenn mein Glanz in deinem Auge spielt,
Sind wir eine Welt.

Und würden entschlummern verzückt –
Aber deine Brauen sind Unwetter.

An zwei Freunde

Ich blicke nachts in Euren stillen Stern.
Es schwimmen Tränen braun um meinen
                                        Mandelkern
Und meine Schellen spielen süß am Kleiderrand.

Ich trage einen wilden Kork im Ohrlapp,
Und Monde tätowiert auf meiner Hand.
Versteinte Käfer fallen von der Schnur ab.

Ich liebe Euer glitzernd Zackenland,
Und sehne mich nach goldnem Edelpunsche,
Aufglimme unsichtbar in Eurem Wunsche.

Laurencis

Ich gab Dir einen Namen
Wie eine fromme Guirlande

Darum will ich ihn
Nun immer liebend rufen.

Du siehst mich golden
Durch mein Abendherz,

Und nicht so trübe wie der Nebel
Es staubfällig färbt.

Meine Seele spielte auferstehen.
Wenn Augen wie schlafende Täler lagen.

Und ich kenne alle Engel,
Denen habe ich viel von Dir erzählt.

O meines Mundes Aster blüht
Mit Deinen Lippen Rittersporn.

Und ich wache vor unserer Liebe
Denn ihre Küsse sollen Knospen bleiben.

Abschied

Aber du kamst nie mit dem Abend –
Ich saß im Sternenmantel.

…. Wenn es an mein Haus pochte,
War es mein eigenes Herz.

Das hängt nun an jedem Türpfosten,
Auch an deiner Tür;

Zwischen Farren verlöschende Feuerrose
Im Braun der Guirlande.

Ich färbte dir den Himmel brombeer
Mit meinem Herzblut.

Aber du kamst nie mit dem Abend –
…. Ich stand in goldenen Schuhen.

Bin ja aus einem Märchenbuch
Und muß nun immer weinen.

Milly Steger

Milly Steger ist eine Bändigerin,
Haut Löwen und Panther in Stein.

Vor dem Theater in Hagen
Stehen ihre Großgestalten.

Böse Tollpatsche, ernstgewordene Hännesken,
Clowne, die mit ihren blutenden Seelen wehen.

Aber auch Brunnen, verschwiegene Weibsmopse
Zwingt Milly rätselhaft nieder.

Manchmal spielt sie mit Zündhölzchen,
Die entzünden sich in der Gulliverin Hand.

Sie schnitzt aus dem Holze Adam
Hinterrücks sein Weib.

Und Millys Herz lacht wie ein Apfel,
In ihren stahlblauen Augen sitzt ein Schalk.

Milly Steger die Bildhauerin ist eine Welt,
Meteore stößt sie von sich

Eine Büffelin an Wurfkraft,
Freut sie sich auch zart an dem blühenden Kern
der Büsche.

Georg Grosz.

Manchmal spielen bunte Tränen
In seinen äschernen Augen.

Aber immer begegnen ihm Totenwagen,
Die verscheuchen seine Libellen.

Er ist abergläubig –
– Ward unter einem bösen Stern geboren –

Seine Schrift regnet,
Seine Zeichnung: Trüber Buchstabe.

Wie lange im Fluß gelegen
Blähen seine Menschen sich auf,

Mysteriöse Verlorene mit Quabbenmäulern
Und verfaulten Seelen.

Fünf träumende Totenfahrer
Sind seine silbernen Finger

Aber nirgendwo ein Licht im verirrten Märchen
Und doch ist er ein Kind,

Der Held aus dem Lederstrumpf;
Mit dem Indianerstamm auf Duzfuß.

Sonst haßt er alle Menschen,
Sie bringen ihm Unglück.

Aber Georg Groß liebt sein Mißgeschick
Wie einen anhänglichen Feind.

Und seine Traurigkeit ist dyonisisch,
Schwarzer Champagner seine Klage.

Kein Mensch weiß, wo er herkam;
Ich weiß, wo er landet.

Er ist ein Meer mit verhängtem Mond,
Sein Gott ist nur scheintot.

Georg Trakl

Georg Trakl erlag im Krieg von eigener Hand
gefällt.
So einsam war es in der Welt. Ich hatt ihn lieb.

Georg Trakl †

Seine Augen standen ganz fern –
Er war als Knabe einmal schon im Himmel.

Darum kamen seine Worte hervor
Auf blauen und weißen Wolken.

Wir stritten über Religion;
Aber immer wie zwei Spielgefährte;

Und bereiteten Gott von Mund zu Mund;
Im Anfang war das Wort!

Des Dichters Herz, eine feste Burg.
Seine Gedichte, singende Thesen.

Er war wohl Martin Luther.

Seine dreifaltige Seele trug er in der Hand,
Als er in den »heiligen Krieg« zog.

Dann wußte ich, er war gestorben –

Sein Schatten weilte unbegreiflich
Auf dem Abend meines Zimmers.

Als der blaue Reiter war gefallen ..

Griffen unsere Hände sich wie Ringe; –
Küßten uns wie Brüder auf den Mund.

Harfen wurden unsere Augen,
Als sie weinten: Himmlisches Konzert.

Nun sind unsere Herzen Waisenengel.
Seine tiefgekränkte Gottheit
Ist erloschen in dem Bilde: Tierschicksale.

Tierschicksale, das wertvollste Bild von Franz
Marc, ungeheures Vermächtnis; einen heiligen Kaiser
ließ man unbewacht in einem Schuppen zur Wei-
terbeförderung stehen.

An Franz Marc.

Der blaue Reiter ist gefallen, ein Großbiblischer, an dem der Duft Edens hing. Ueber die Landschaft warf er einen blauen Schatten. Er war der, welcher die Tiere noch reden hörte; und er verklärte ihre unverstandene Seelen. Immer erinnerte mich der blaue Reiter aus dem Kriege daran: es genügt nicht alleine, zu den Menschen gütig zu sein und was du namentlich an den Pferden, da sie unbeschreiblich auf dem Schlachtfeld leiden müssen, gutes tust, t u s t d u m i r.

An den roten Strand ist er gekommen, seinen Riesenkörper tragen große Engel zu Gott, der hält seine blaue Seele, eine leuchtende Fahne, in seiner Hand. Ich denke an eine Geschichte im Talmud, die mir ein Priester erzählte: wie Gott mit den Menschen vor dem zerstörten Tempel stand und weinte. Denn wo der blaue Reiter ging, schenkte er H i m m e l. So viele Vögel fliegen durch die Nacht, sie können noch Wind und Atem spielen, aber wir wissen nichts mehr hier unten davon, wir können uns nur noch zerhacken oder gleichgültig aneinander vorbeigehen. In dieser Nüchternheit erhebt sich drohend eine unermeßliche Blutmühle, und wir Völker alle werden bald zermahlen sein. Wir schreiten immerfort über wartende Erde. Der blaue Reiter ist angelangt; er war noch zu jung zu sterben.

Nie sah ich irgend einen Maler gotternster und sanfter malen wie ihn. »Zitronenochsen« und »Feuerbüffel« nannte er seine Tiere, und auf seiner Schläfe ging ein Stern auf. Aber auch die Tiere der Wildnis begannen pflanzlich zu werden in seiner tropischen Hand. Tigerinnen verzauberte er zu Anemonen, Leoparden legte er das Geschmeide der Levkoje um; er sprach vom reinen Totschlag, wenn auf seinem Bild sich der Panther die Gazelle vom Fels holte. Er fühlte wie der junge Erzvater in der Bibelzeit, ein herrlicher Jakob er, der Fürst von Kana. Um seine Schultern schlug er wild das Dickicht; sein schönes Angesicht spiegelte er im Quell und sein Wunderherz trug er oftmals in Fell gehüllt wie ein schlafendes Knäblein heim über die Wiesen, wenn es müde war.

»Grüße mir dein lieb Weib, blauer Reiter, deinen Knecht, deine Magd, deinen Esel im Stall, deine Rehe und Hirsche auf der Weide und vergiß nicht, mein süßer Halbbruder, den Russel, deinen treuen Hund.«

Das war alles vor dem Krieg.

Franz Marc, der blaue Reiter vom Ried,
Stieg auf sein Kriegspferd.
Ritt über Benediktbeuern herab nach
                                          Unterbayern,

Neben ihm sein besonnener, treuer Nubier
Hält ihm die Waffe.
Aber um seinen Hals trägt er ein silbergeprägtes
Bild
Und den totverhütenden Stein seines blonden
Weibes.
Durch die Straßen von München hebt er sein
biblisches Haupt
Im hellen Rahmen des Himmels.
Trost im stillen Mandelauge,
Donner sein Herz.
Hinter ihm und zur Seite viele, viele Soldaten.

Gebet.

Ich suche allerlanden eine Stadt,
Die einen Engel vor der Pforte hat.
Ich trage seinen großen Flügel
Gebrochen schwer am Schulterblatt
Und in der Stirne seinen Stern als Siegel.

Und wandele immer in die Nacht …
Ich habe Liebe in die Welt gebracht,
Daß blau zu blühen jedes Herz vermag,
Und hab ein Leben müde mich gewacht,
In Gott gehüllt den dunklen Atemschlag.

O Gott, schließ um mich Deinen Mantel fest.
Ich weiß, ich bin im Kugelglas der Rest,
Und wenn der letzte Mensch die Welt vergießt,
Du mich nicht wieder aus der Allmacht läßt,
Und sich ein neuer Erdball um mich schließt.

Ein Lied.

Hinter meinen Augen stehen Wasser,
Die muß ich alle weinen.

Immer möcht ich auffliegen,
Mit den Zugvögeln fort;

Bunt atmen mit den Winden
In der großen Luft.

O ich bin traurig ....
Das Gesicht im Mond weiß es.

Drum ist viel samtne Andacht
Und nahender Frühmorgen um mich.

Als an deinen steinernen Herzen
Meine Flügel brachen,

Fielen die Amseln wie Trauerrosen
Hoch vom blauen Gebüsch.

Alles verhaltene Gezwitscher
Will wieder jubeln,

Und ich möchte auffliegen
Mit den Zugvögeln fort.

DER WUNDERRABBINER VON BARCELONA
(1921)

⟨Pablo⟩

»Pablo nachts höre ich die Palmenblätter
Unter deinen Füßen rascheln.

Manchmal muß ich sehr weinen
Um dich vor Glück –

Dann wächst ein Lächeln
auf deinem lässigen Lide.

Oder es geht dir eine seltene Freude auf:
Deines Herzens schwarze Aster.

Immer wenn du an Gärten vorbei
Das Ende deines Weges erblickst, Pablo,

– Es ist mein ewiger Liebesgedanke,
Der zu dir will.

Und oft wird Schimmer vom Himmel fallen
Denn es sucht dich am Abend mein goldener Seufzer.

Bald kommt der schmachtende Monat
Über deine holde Stadt;

Unter dem Gartenbaum hängen
Wie bunte Trauben die Vögelscharen,

Und auch ich warte verzaubert
Von Traum behangen.

Du stolzer Eingeborener, Pablo,
Von deinem Angesicht atme ich fremde
                              Liebeslaute;

In deiner Schläfe aber will ich meinen Glücksstern
                                        pflanzen,
Mich berauben meiner leuchtenden Blüte.«

Gott hör ....
Hugo Simon dem Boas

Um meine Augen zieht die Nacht sich
Wie ein Ring zusammen.
Mein Puls verwandelte das Blut in Flammen
Und doch war alles grau und kalt um mich.

O Gott und bei lebendigem Tage
Träum ich vom Tod.
Im Wasser trink ich ihn und würge ihn im Brot.
Für meine Traurigkeit fehlt jedes Maß auf deiner
Waage.

Gott hör, in deiner blauen Lieblingsfarbe
Sang ich das Lied von deines Himmels Dach.
Und wurde doch für deinen ewigen Hauch zu wach.
Mein Herz schämt sich vor dir fast seiner tauben
Narbe.

Wo ende ich, o Gott, denn in die Sterne,
Auch in den Mond sah ich in alle deiner Früchte Tal.
Der rote Wein wird schon in seiner Beere schaal
Und überall die Bitternis in jedem Kerne.

An die Einwohnerschaft Berlins.

Ihr lieben Leute laßt Euch sagen
Daß ich seit Jahren keine Wohnung hab.
Und die es lesen will ich fragen,
»Wer läßt mir einige Zimmer ab?«

Damit wir uns nun auch vertragen –
Mit eigenem Eingang Vorder- oder Hinterhaus!
Geteilte Wohnung, abgeschlagen,
Möbliert, auch leer macht mir nichts aus.

O überlegt und laßt mich nicht verzagen.
Ich, die ich Euch so viele Verse gab;
Gern will die Kosten ich der Miete tragen
Vom Tag des Einzugs bis ins kühle Grab.

⟨Ich wohne im Sachsenhofe⟩

Ich wohne im Sachsenhofe
Im schönsten Hotel von Berlin
Und lese die Katastrophe
Nämlich, von meinem Ruin.
Daß ich Kuverts verkoofe
à fünf Mark – immerhin –
mein lieber Fred, na weißte
nicht, was und wer ich bin?

Herbst.

Auf einmal musste ich singen …
Und ich wusste nicht warum.
Doch abends weinte ich bitterlich.

Es stieg aus allen Dingen,
Ein Schmerz und der ging um –
Und legte sich auf mich.

Stürmische Wolkendepeschen
Erschrecken den Weltenraum;
Und die Beeren der Ebereschen
Die winzigen Monde am Baum.

Der Bund der wilden Juden

KONZERT
(1932)

An mein Kind.

Immer wieder wirst du mir
Im scheidenden Sommer sterben, mein Kind

Wenn das Laub zerfliesst
Und die Zweige schmal werden.

Mit den roten Rosen
Hast du den Tod bitter gekostet,

Nicht ein einziges, welkendes Pochen
Blieb dir erspart.

Darum weine ich sehr, ewiglich –
In der Nacht meines Herzens.

Noch seufzen aus mir die Schlummerlieder,
Die dich in den Todesschlaf schluchzten;

Und meine Augen wenden sich nicht mehr
Der Welt zu.

Das Grün des Laubes tut ihnen weh,
– Aber der Ewige wohnt in mir.

Die Liebe zu dir ist das Bildnis,
Das man sich von Gott machen darf.

Ich sah auch die Engel im Weinen,
Im Wind und Schneeregen,

Sie schwebten – – – – – –
In einer himmlischen Luft.

Wenn der Mond in Blüte steht,
Gleicht er deinem Leben, mein Kind.

Und ich mag nicht hinsehen,
Wie der lichtspendende Falter sorglos dahinschwebt.

Nie ahnte ich den Tod
– Spüren um dich mein Kind –

Und ich liebe des Zimmers Wände,
Die ich beschreibe mit Worten an dich
Und bemale mit deinem Knabenantlitz.

Die Sterne, die in diesem Monat
Soviele sprühend ins Leben fallen,
Tropfen schwer auf mein Herz.

Letzter Abend im Jahr.

Es ist so dunkel heut,
Man kann kaum in den Abend sehen.
Ein Lichtchen loht,
Verspieltes Himmelchen spielt Abendrot
Und weigert sich, in seine Seligkeit zu gehen.
– So alt wird jedes Jahr die Zeit.
Und die vorangegangene verwandelte der Tod.

Mein Herz blieb ganz für sich
Und fand auf Erden keinen Trost.
Und bin ich auch des Mondes Ebenich,
Geleitetest auch du im vorigen Leben mich,
Und sah ich auch den blausten Himmel im Gottost.

O Gott, wie kann der Mensch verstehen
– Das Weltall spaltet sich doch nicht –,
Warum der Mensch haltlos vom Menschtum bricht,
Sich wieder sammeln muss im höheren Geschehen.

⟨Es brennt ein feierlicher Stern⟩

Es brennt ein feierlicher Stern ...
Ein Engel hat ihn für mich angezündet.
Ich sah nie unsere heilige Stadt im Herrn,
Sie rief mich oft im Traum des Windes.

Ich bin gestorben, meine Augen schimmern fern,
   Mein Leib zerfällt und meine Seele mündet
In die Träne meines nun verwaisten Kindes,
   Wieder neu gesäet in seinem weichen Kern. –

Das Wunderlied

Schwärmend trat ich aus glitzerndem Herzen
Wogender Liebesfäden,

Ganz schüchtern, hervor; Nacht im Auge,
Geöffnete Lippen ....

Aber wo auch ein See lockte,
Goldene Tränke,

Starb an der Labe mein pochendes Wild
In der Brust.

Was soll mir der Wein deines Tisches,
Reichst du mir des Herzens Mannah nicht.

Süß mir, wenn ich im Rauschen der Liebe
Für dich gestorben wär –

Nun ist mein Leben verschneit,
Erstarrt meine Seele,

Die lächelte sonntäglich dir
Frieden ins Herz.

Ich suche das Glück nicht mehr.
Wo ich auch unter hochzeitlichem Morgen saß,

Erfror der träumende Lotos
Auf meinem Blut.

Gedenktag

Das Meer steigt rauschend übers Land,
Inbrünstig fallen Wasser aus den Höhen.
Still brennt die Kerze noch in meiner Hand.

Ich möchte meine liebe Mutter wiedersehen ......
Begraben hab' ich meinen Leib im kühlen Sand,
Doch meine Seele will von dieser Welt nicht gehen.

Und hat sich von mir abgewandt.
Ich wollte immer ihr ein Kleid aus Muscheln nähen;
In meinen rauhen Körper wurde sie verbannt.

Doch meine liebe Mutter gab sie mir zum Pfand.
Ich suche meine Seele überall auf Zehen;
Die nistete an meiner roten Felsenwand
Und noch in meinem Auge irrt ihr Spähen.

David und Jonathan

O Jonathan, ich blasse hin in deinem Schoß,
Mein Herz fällt feierlich in dunklen Falten,
In meiner Schläfe pflege du den Mond,
Des Sternes Gold sollst du erhalten,
Du bist mein Himmel mein, du Liebgenoß.

Ich hab so säumerisch die kühne Welt
Fern immer nur im Bach geschaut,
Doch hat mein Träumen sich nicht hold belohnt,
Da sie nun bunt aus meinem Auge fällt
Durch deine Liebe aufgetaut.

O Jonathan, nimm du die königliche Träne,
Sie schimmert weich und reich wie eine Braut.
O Jonathan, du Blut der süßen Feige,
Duftendes Gehang an meinem Zweige,
Du Ring in meiner Lippe Haut.

Durch den ich wieder neu und scheu mich sehne …
O Jonathan, dein spielerischer Bibelprinz
Nippt sterbend noch von deiner Liebe Minz.

⟨Die Leber ist von einem Hecht⟩

Die Leber ist von einem Hecht
Und nicht von einem Aale
Der schwamm mit Teufelbrecht
Vetter von dem Engelbrecht
Urfröhlich im Neanderthale
Schon in der Steinzeit allemale
Zur Großmama und Großpapale
Nun schnappt er bald im Futterale
Wie jeder Fisch banal, banale.
(Bitte Finale)

⟨Neugierige sammeln sich am Strand und messen⟩

Neugierige sammeln sich am Strand und messen,
Sich am Meer und mir der Dichterin vermessen.
Doch ihre Redensart löscht aus der Sand.
Ich hab die Welt vor Welt vergessen,
Getränkt von edlen Meeresnässen.
Als läge ich in Gottes weiter Hand.

DAS HEBRÄERLAND
(1937)

⟨Komm mit mir in das Cinema⟩

Komm mit mir in das Cinema,
Dort findet man, was einmal war:
Die Liebe!

Liegt meine Hand in deiner Hand
Ganz übermannt im Dunkel,
Trompetet wo ein Elefant
Urplötzlich aus dem Dschungel –

Und schnappt nach uns aus heißem Sand
Auf seiner Filmenseide
Ein Krokodilweib, hirnverbrannt,
Dann – küssen wir uns beide.

⟨In den höheren Regionen⟩

In den höheren Regionen,
Wo der Herr und seine Engel wohnen,
Finden sich kraft Gotteskraft
Nicht Paragraphen, die bestrafen.

MEIN BLAUES KLAVIER
(1943)

Meine Mutter

Es brennt die Kerze auf meinem Tisch
Für meine Mutter die ganze Nacht –
Für meine Mutter .....

Mein Herz brennt unter dem Schulterblatt
Die ganze Nacht
Für meine Mutter .....

Jerusalem

Gott baute aus Seinem Rückgrat: Palästina
aus einem einzigen Knochen: Jerusalem.

Ich wandele wie durch Mausoleen –
Versteint ist unsere Heilige Stadt.
Es ruhen Steine in den Betten ihrer toten Seen
Statt Wasserseiden, die da spielten: kommen und
vergehen.

Es starren Gründe hart den Wanderer an –
Und er versinkt in ihre starren Nächte.
Ich habe Angst, die ich nicht überwältigen kann.

Wenn du doch kämest ......
Im lichten Alpenmantel eingehüllt –
Und meines Tages Dämmerstunde nähmest –
Mein Arm umrahmte dich, ein hilfreich
Heiligenbild.

Wie einst wenn ich im Dunkel meines Herzens litt –
Da deine Augen beide: blaue Wolken.
Sie nahmen mich aus meinem Trübsinn mit.

Wenn du doch kämest –
In das Land der Ahnen –
Du würdest wie ein Kindlein mich ermahnen:
Jerusalem – erfahre Auferstehen!

Es grüssen uns
Des »Einzigen Gotts« lebendige Fahnen,
Grünende Hände, die des Lebens Odem säen.

Mein blaues Klavier

Ich habe zu Hause ein blaues Klavier
Und kenne doch keine Note.

Es steht im Dunkel der Kellertür,
Seitdem die Welt verrohte.

Es spielten Sternenhände vier –
Die Mondfrau sang im Boote.
– Nun tanzen die Ratten im Geklirr.

Zerbrochen ist die Klaviatur.
Ich beweine die blaue Tote.

Ach liebe Engel öffnet mir
– Ich aß vom bitteren Brote –
Mir lebend schon die Himmelstür,
Auch wider dem Verbote.

Gebet

O Gott, ich bin voll Traurigkeit …
Nimm mein Herz in deine Hände,
Bis der Abend geht zu Ende
In steter Wiederkehr der Zeit.

O Gott, ich bin so müd', o Gott …
Der Wolkenmann und Wolkenfrau,
Die spielten mit mir – himmelblau
Im Sommer immer, lieber Gott.

Und glaube unserm Monde, Gott,
Denn er umhüllte mich mit Schein,
Als wär ich hilflos noch und klein,
– Ein Flämmchen Seele. –

O Gott, und ist sie auch voll Fehle,
Nimm sie still in deine Hände …
Damit sie leuchtend in dir ende.

Ueber glitzernden Kies

Könnt ich nach Haus .....
Die Lichte gehen aus,
Erlischt ihr letzter Gruss.

Wo soll ich hin?
O Mutter mein, weisst du's?
Auch unser Garten ist gestorben.

Es liegt ein grauer Nelkenstrauss
Im Winkel wo im Elternhaus –
Er hatte grosse Sorgfalt sich erworben.

Umkraenzte das Willkommen an den Toren
Und gab sich ganz in seiner Farbe aus.
O liebe Mutter! ......

Versprühte Abendrot,
Am Morgen weiche Sehnsucht aus –
Bevor die Welt in Schmach und Not.

Ich habe keine Schwestern mehr;
Und keine Brüder.
Der Winter spielte mit dem Tode in den Nestern –
Und Reif erstarrte alle Liebeslieder.

Es kommt der Abend ...

Es kommt der Abend und ich tauche in die Sterne,
Daß ich den Weg zur Heimat im Gemüte nicht
                                                        verlerne.
Umflorte sich auch längst mein mich vertriebenes
                                                        Land.

Es ruhen unsere Herzen liebverwandt,
Gepaart in einer Schale: Weiße Mandelkerne.

.... Ich weiß Du hältst wie früher meine Hand
Verwunschen in der Ewigkeit der Ferne ....
Ach meine Seele rauschte, als dein Mund – es mir
                                                        gestand.

Ich liege wo am Wegrand

Ich liege wo am Wegrand übermattet –
Und über mir die finstere kalte Nacht –
Und zähl schon zu den Toten längst bestattet.

Wo soll ich auch noch hin – von Grauen überschattet –
Die ich vom Monde euch mit Liedern still bedacht
Und weite Himmel blauvertausendfacht.

Die heilige Liebe, die ihr blind zertratet,
Ist Gottes Ebenbild ....!
Fahrlässig umgebracht.

Darum auch lebten du und ich in einem Schacht!
Und – doch im Paradiese trunken blumumblattet.

Die Verscheuchte

Es ist der Tag im Nebel völlig eingehüllt,
Entseelt begegnen alle Welten sich –
Kaum hingezeichnet wie auf einem Schattenbild.

Wie lange war kein Herz zu meinem mild .....
Die Welt erkaltete, der Mensch verblich.
– Komm bete mit mir – denn Gott tröstet mich

Wo weilt der Odem, der aus meinem Leben wich?
Ich streife heimatlos zusammen mit dem Wild
Durch bleiche Zeiten träumend – ja ich liebte
                                        dich .....

Wo soll ich hin, wenn kalt der Nordsturm brüllt?
– Die scheuen Tiere aus der Landschaft wagen sich
Und ich vor deine Tür, ein Bündel Wegerich.

Bald haben Tränen alle Himmel weggespült,
An deren Kelchen Dichter ihren Durst gestillt –
Auch du und ich.

Hingabe

Ich sehe mir die Bilderreihen der Wolken an
Bis sie zerfliessen und enthüllen ihre blaue Bahn.

Ich schwebte einsamlich die Welten all hinan,
Entzifferte die Sternoglyphen und die
                          Mondeszeichen um den Mann.

Und fragte selbst mich scheu, ob oder wann
Ich einst geboren wurde und gestorben dann?

Mit einem Kleid aus Zweifel war ich angetan,
Das greises Leid geweiht für mich am Zeitrad spann.

Und jedes Bild, das ich von dieser Welt gewann,
Verlor ich doppelt, und auch das was ich ersann.

Ich weiss

Ich weiss, dass ich bald sterben muss
Es leuchten doch alle Bäume
Nach langersehntem Julikuss –

Fahl werden meine Träume –
Nie dichtete ich einen trüberen Schluss
In den Büchern meiner Reime.

Eine Blume brichst du mir zum Gruss –
Ich liebte sie schon im Keime.
Doch ich weiss, dass ich bald sterben muss.

Mein Odem schwebt über Gottes Fluss –
Ich setze leise meinen Fuss
Auf den Pfad zum ewigen Heime.

Mein Herz ruht müde

Mein Herz ruht müde
Auf dem Samt der Nacht
Und Sterne legen sich auf meine Augenlide .....

Ich fliesse Silbertöne der Etüde – – –
Und bin nicht mehr und doch vertausendfacht.
Und breite über unsere Erde: Friede.

Ich habe meines Lebens Schlussakkord vollbracht –
Bin still verschieden – wie es Gott in mir erdacht:
Ein Psalm erlösender – damit die Welt ihn übe.

Dem Verklärten

Ach bitter und karg war mein Brot,
Verblichen –
Das Gold meiner Wangen Bernstein.

In die Höhlen schleiche ich
Mit den Pantern
In der Nacht.

So bange mir in der Dämmerungweh .....
Legen sich auch schlafen
Die Sterne auf meine Hand.

Du staunst über ihr Leuchten –
Doch fremd dir die Not
Meiner Einsamkeit.

Es erbarmen sich auf den Gassen
Die wilden Tiere meiner.
Ihr Heulen endet in Liebesklängen.

Du aber wandelst entkommen dem Irdischen
Um den Sinai lächelnd verklärt –
Fremdfern vorüber meiner Welt.

Und

Und hast mein Herz verschmäht –
In die Himmel wärs geschwebt
Selig aus dem engen Zimmer!

Wenn der Mond spazieren geht,
Hör ichs pochen immer
Oft bis spät.

Aus Silberfäden zart gedreht
Mein weiss Gerät –
Trüb nun sein Schimmer.

Ein Liebeslied

Komm zu mir in der Nacht – wir schlafen
                                        engverschlungen.
Müde bin ich sehr, vom Wachen einsam.
Ein fremder Vogel hat in dunkler Frühe schon
                                        gesungen,
Als noch mein Traum mit sich und mir gerungen.

Es öffnen Blumen sich vor allen Quellen
Und färben sich mit deiner Augen Immortellen .....

Komm zu mir in der Nacht auf Siebensternen-
                                        schuhen
Und Liebe eingehüllt spät in mein Zelt.
Es steigen Monde aus verstaubten Himmelstruhen.

Wir wollen wie zwei seltene Tiere liebesruhen
Im hohen Rohre hinter dieser Welt.

An mich

Meine Dichtungen, deklamiert, verstimmen die Klaviatür meines Herzens. Wenn es noch Kinder wären, die auf meinen Reimen tastend meinetwegen klimperten. (Bitte nicht weitersagen!) ich sitze noch heute sitzengeblieben auf der untersten Bank der Schulklasse, wie einst … Doch mit spätem versunkenen Herzen: 1000 und 2-jährig, dem Märchen über den Kopf gewachsen.

Ich schweife umher! Mein Kopf fliegt fort wie ein Vogel, liebe Mutter. Meine Freiheit soll mir niemand rauben, – sterb ich am Wegrand wo, liebe Mutter, kommst du und trägst mich hinauf zum blauen Himmel. Ich weiss, dich rührte mein einsames Schweben und das spielende Ticktack meines und meines teuren Kindes Herzen.

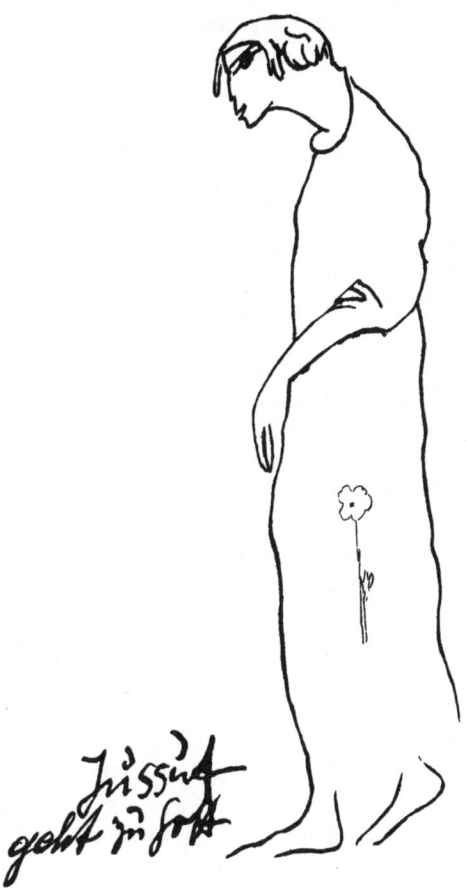

Jussuf geht zu Gott

⟨Wir sollten uns zerstreun⟩

– Wir sollten uns zerstreun –
Doch jede Arbeit Emigranten nicht erlaubt,
Bei Ausweisstrafe nicht erlaubt!
Doch kommt der Paragraph uns objektiv zu statten.
Es lebe der verständnissvolle Paragraph!
Was will man Besseres überhaupt?
Wir Dichter ruhn ja gerne ungestört auf
                                    Wiesenmatten,
Was will man Besseres überhaupt?
– Man wär ein Schaaf!
Ausserdem:
Und wenn uns hungert stehen im Selekt,
Auf allen Tischen Spätzeli für uns gedeckt.

Uns Künstlern ebenso den hiesigen bedeutet das Café
Selekt eine gemütliche gemütvolle Wohnstube:

Ums Essen ists uns gar nicht so zu tun.
Wir möchten alle nur, zwar mit Musikbegleitung,
                                    ruhn.
Mehr wirklich nicht!

Ueberdies:
Verfettet Essen weit und breit,
Kostspielig seine Angelegenheit,
Noch in unserer Situation.
Und reichlich kosten andere Dinge schon.
Es leidet hier der Emigrant ja gerade keine Not.
Zum Mittagsbrode aber eingeladen – lieber

                                    mausetot!
Ich habe selbst in besseren Tagen die Mittagsbrode

                                    refusiert.
»Ma Chère, ich bin nicht manicurt und pedicurt;
Ich weder meine liebe Muse.
Ich danke Ihnen also, gnädige Frau, mit bestem

                                    Grusse«.

⟨Ich sah mich doch am Fenster dichtend sitzen⟩

Ich sah mich doch am Fenster dichtend
      sitzen – – – – – – –
Ich sah – sehr angegriffen aus.
Mein zweites ich hockt viel zu viel zu Haus.
Und träumt vom bleichem Mond und Sternen.

Ich selber bin ein Wirbelwind!
Der nie und nirgends Ruhe find
Vielleicht – bei Gott dem Herrn?
Bei Ihm werd ich es lernen.

⟨Und unser Haus am Fuss des Walds⟩

Und einmal sah ich doch die Stadt in der ich einst
geboren:
  Elberfeld an der Wupper.

> Und unser Haus am Fuss des Walds.
> Von seinem Turm erblickte ich verloren
> Den Silberrhein bis in die Pfalz.

Nach meiner Heirat verliebte ich mich in Berlin:

> Unter seinen Linden sass ich stundenlang.
> Selbst Möbelwagenräder fuhren auf dem
>   Asphalt wie Gesang.
> Wo bist du Friedrichstrasse von Berlin?
> Und du mein unvergessner Tauentzien?

Die Scheidung meiner Ehe mir begreiflicher, als meine
Ausbürgerung gewaltsame Scheidung.

> Und ohne Allemente,
> Kleinste Rente,
> Trennte sich von mir, Ungetüm,
> Berlin!
> Und all die Freunde und Bekännte.

⟨O wie mir die Scheidung nahe ging⟩

O wie mir die Scheidung nahe ging,
Von Berlin – viel näher wie ich wusste.
Denn ich liebte schon Berlin,
Unter Wilhelm und Auguste,
Rex und seiner Kaiserin.

O wie mir das nahe ging,
Ich verlor mein bischen Puste,
Da ich auf das ganze ging,
Mich verrannte in Berlin!
Und entfliehen musste.
Im Wehzug spät in der Nacht!

⟨Die Dämmerung holt die Sichel
aus der Dunkelheit⟩

Die Dämmerung holt die Sichel aus der
                                    Dunkelheit
Und steckt sie mir ans Wolkenkleid
Ich bin die Nacht
Verletz dich nicht an mir, gieb acht
Noch hat der Hirt die goldenen Lämmer nicht
                                    gebracht

⟨Mich führte in die Wolke mein Geschick⟩

Mich führte in die Wolke mein Geschick –
Wir teilten säumerisch mein erdentschwertes
Glück.

Ich dachte viel an Julihimmel –
Du sahst das Blau in meinem Blick.

Und schwebten mit den Vögeln auf
Ein Silberrausch .....
Bevor die Welt brach das Genick.

Und auch wir beide blieben nicht verschont
– Und träumen trübe unterm bleichen
Rosenstrauch im Mond
Die Lande unter uns: verblichnes Mosaik.

⟨Wir treiben alle durch den Ozean der Luft⟩

Wir treiben alle durch den Ozean der Luft.
Und jedem Wind weiht jede Blume ihren Duft
Und immer landet nur der Tod
Wenn Gott vom Deck den Müden ruft
Nach schöpfungsaltem Urgebot.

Es wachsen bleiche Sträucher doch sie blühen rot
Ein Lächeln steigt aus meines Herzens Gruft
Doch bunte Sommer sind vom Wetter schwer bedroht
Der Mensch ahnt nichts von ihrer Not

⟨Ich bin so müde⟩

Ich bin so müde
Und es senken sich
Gottes Augenlider
Ewiger Friede
Über mein Herz

Engel meiner Brüder heben mich
Aus dieser Welt voll Schmerz.

Ich bin so müde
Tag und Nächte trennen sich.

Ich lasse meinen Leib gehüllt in Flieder
Dem letzten Tag des März.

Ich schaue – Gott im Himmelssüde ….
So stirbt der Mensch und du und ich.

⟨Dämmerung⟩

Ich suche eine Hand der meinen gleich
Mich hat das Leben, ich hab es verstoßen
Und lebe angstvoll nun im Übergroßen
Im irdischen Leibe schon im Himmelreich.
Und in der Frühe war ich blütenreich
Und über Nacht froh aufgeschossen
Vom Zauber eines Traumes übergossen
Nun färben meine Wangen meine Spiegel bleich

⟨O Gott wie soll dich meine Klage rühren⟩

O Gott wie soll dich meine Klage rühren
Da alle Menschen auf der Erde fast
In ihren Herzen tragen tiefe Last
Und ihre Kinder hungern hinter allen Thüren
Darum auch sollen meine Lippen schweigen
Die Not ist groß,

»Heimliche Heimat« –
Else Lasker-Schülers Ankunftssprachen

Wie kann man heute Else Lasker-Schüler lesen? Ein Lesen, das Dialog ist, Zusprechen, Weiterschreiben, Antippen – wie so vieles ihrer Dichtung? Das ihre »fernsten Nähen« und Zugvögel zwischen Orient und Okzident ganz weit heranholt und gleichzeitig ganz nah bei sich lassen kann? Das also annähernd so kostbar verwoben wäre wie ihre Gedichte – »Sinn und Klang, Wort und Bild, Sprache und Seele«, wie Karl Kraus überschwänglich über das Gedicht ›Ein alter Tibetteppich‹ schrieb?[1]

> *Deine Seele, die die meine liebet,*
> *Ist verwirkt mit ihr im Teppichtibet.*

*

Tippe Else schnell und du erhältst Lese. Tippe Else Englisch und du erhältst else. Tippe Else von innen rechts nach außen links und du erhältst Seel'. Tippe Else stur und du erhältst einen Esel. Lies noch einmal: Lese else Seel' Esel. Lese: der anderen Seele Esel. Lese: Esel, die andere Seele. Der Name ist ohne Zweifel ein sehr kleines Gedicht. Der Name ist ohne Zweifel eine sehr kleine Grenzüberschreitung. Der Name ruft ohne Zweifel nach Anderen. Der Name bedarf ohne Zweifel einer Übersetzung. Der Name ist ohne Zweifel eine Art Zwiebel. In der Zwiebel wohnt der Zweifel. Der Zweifel zwickt. Der Zweifel hat Schalen, Tränen. Die Zwiebel hat kein Zentrum. Ziel der Zwiebel ist ein anderer Zweifel. Im Grimmschen Märchen ist die kluge Else eine, die zu viel Eigensinn hat. Die am Ende neben sich steht. Die ausgeschlossen wird von der Gemeinschaft. Es bleibt ihr die Gewissheit: »Ach Gott, dann bin ich's nicht.« Noch heute hört man das Klingeln der Schellen, man hat sie aber nie wieder gesehen.

Was hat Else Lasker-Schüler mit der Grimmelse zu tun?[2] Was ihr Name mit Eigensinn, mit Zweifelrede, Übersetzung? Ist ihre Lyrik auch eine Grimmsprache, Gemeinsprache? Oder vielmehr Geheimsprache? Aber wessen Heim wäre darin versteckt? *Heimlich zur Nacht* – ein großer Herzhimmel, ganz viel Wachsein? Oder doch eher Wachsamsein am Geheimnis? Ist vielleicht die Idee von Heim darin versteckt? Oder versteckt sich die Idee vielmehr selbst darin, wovor – vor ihrem deutschen Zuhause? Ist darum auch ein Weh an dem Heim, wie in dem folgenden Gedicht ›Heimweh‹?

> *Ich kann die Sprache*
> *Dieses kühlen Landes nicht,*
> *Und seinen Schritt nicht gehen*

1911 schrieb Else Lasker-Schüler dieses Gedicht, mit zweiundvierzig Jahren, obwohl sie bei sich selbst und gegenüber ihren Zeitgenossen ein ganz anderes Alter gehabt haben mag. Sie legte mit diesen Zeilen eine Spur der Nichtübereinstimmung, die sich wie ein roter Faden durch ihr Leben, ihr Schaffen und die Rezeption ihrer Dichtung zieht. Eine Spur, der man beim Wiederlesen und Neuentdecken ihres Werkes folgen kann, der man folgen muss – und die sich dennoch als Irrweg entpuppt. Gilt es doch heute nicht mehr, die Heimatlosigkeiten von Else Lasker-Schüler zu erhellen, sondern vielmehr zu fragen: Ob das Land die Sprache dieser Dichterin konnte?

Zwei Mal, zwei folgenreiche Male, lautete die Antwort *Nein*. Für die Jahre des Dritten Reiches ist das keine überraschende Diagnose. Während die vielfach veröffentlichte Autorin, die aus einer aufgeklärten jüdischen Familie aus Elberfeld stammte, 1932 noch den Kleistpreis erhielt, galten ihre Werke ein Jahr später als wertlos und »zersetzend«. Am 19. April 1933 flüchtete Else Lasker-Schüler aus ihrem geliebten Berlin, das jahrzehntelang Heimat gewesen war, nach Zürich, aufgerüttelt durch die Zunahme der antisemitischen Pöbeleien nach der Machtergreifung Hitlers. »All verry schwer here to be in Germany, allready 2 jears – all Pleite and all like the animals and only wild Tigers and also piks.« Schrieb die Dichterin in für sie seltener, anderssprachiger Deutlichkeit an ihren amerikanischen Großneffen.[3] In den Schweizer Jahren, geprägt von Armut und Drangsalierung durch die Fremdenpolizei, pendelte sie zwischen Zürich und Ascona. Mit Geldern von Freunden und Gönnern gelang es ihr, zwei Reisen nach Jerusalem zu unternehmen, denen sie ihr damals international erfolgreiches Buch ›Das Hebräerland‹ verdankte. Nach der dritten Jerusalemreise 1939 verweigerte man Else Lasker-Schüler die Erlaubnis zur Einreise in die Schweiz. Sie verbrachte ihre letzten Lebensjahre in jener Stadt, die sie lyrisch-mythisch beschworen hatte und die ihr nun widerstrebend ein letztes fremdes Obdach wurde, von Ängsten, Trauer, später Liebe und Produktivität durchwebt:

Es ruhen Steine in den Betten ihrer toten Seen
Statt Wasserseiden, die da spielten:
Kommen und Vergehen
(Jerusalem)

*

Das zweite, folgenreiche *Nein* hat etwas zu tun mit ihrem Heim in der deutschen Nachkriegsliteratur – ein Haus versteckter Ankünfte und fortgesetzter Verstreuung.[4] Es ist weniger offensichtlich als die Exilierung durch das Hitlerregime. Es verbirgt sich zum

Beispiel in der berühmten, als Würdigung getarnten Rede des Dichters Gottfried Benn, der Anfang 1933 die Nationalsozialisten in einer Radioansprache begrüßt hatte und während des Dritten Reichs als Arzt in Deutschland geblieben war. Sieben Jahre nach Else Lasker-Schülers heimatlosem Tod, am 22. Februar 1952, wollte er im Berliner British Centre an die Dichterin erinnern. Doch die Rede, ihre höchste Preisung, erweist sich als Bennscher Bärendienst. Und das nicht nur wegen der historischen Amnesie oder dem chauvinistischen Zugriff, mit dem zuerst die »unmöglichen Obergewänder« und »Dienstmädchenringe« der Dichterin beschrieben werden, sondern weil die Rede etwas über die Sprache sagte, das doch eigentlich unerhört war und auch fast nicht gehört wurde. »Das Jüdische und das Deutsche in einer lyrischen Inkarnation!«, feierte Benn, als sei nichts geschehen. »Dies war die größte Lyrikerin, die Deutschland je hatte. Ihre Themen waren vielfach jüdisch, ihre Phantasie orientalisch, aber ihre Sprache war Deutsch, ein üppiges, prunkvolles, zartes Deutsch …«. Mit der Heimholung der jüdischen Autorin ins Gedächtnis der Deutschen *und* in ihre Sprache gelang es Benn, seiner Anwesenheit in der deutschen Nachkriegsgesellschaft den Nimbus der Versöhnung zu geben. Eine Art privatliterarische Entnazifizierung, nicht zuletzt durch die Erinnerung an die erstaunliche Beziehung zwischen dem großen deutschen Sprachchirurgen und der deutsch-jüdischen Verwandlerin, die sich vierzig Jahre zuvor in Berlin abgespielt hatte und von der auch Else Lasker-Schülers stärkste Gedichte zeugen.

Doch was wird da eigentlich gepriesen? Warum heißt es »aber ihre Sprache war Deutsch«? Ist es nicht selbstverständlich, vielfach jüdisch Deutsch zu schreiben? Oder phantasievoll orientalisch Deutsch? Deutsch mit unmöglichen Obergewändern? Deutsch mit pechschwarzem Haar? Deutsch mit lauter Krimskrams? Deutsch mit Theben und Bagdad? Deutsch als Frau? Deutsch mit Nüssen und Obst? Ist es nicht selbstverständlich? Wenn *all das* auf Deutsch geschrieben ist? Versteht sich da ein bestimmtes deutsches Selbst nicht mehr? Mehr als mit jeder Zeile von Else Lasker-Schüler wird hier, im ungesagten negativen Raum, auf dem wie ein Pfropfen das Aber sitzt, eine Art Nichtzugehörigkeit unterstellt. Eine Nichtübereinstimmung, die viel mit dem zu tun hat, was früher, was damals, was heute vielleicht noch als deutsche Literatur und Kultur verstanden werden will. Oder warum sonst steht genau dieser Bennsche Satz, sein Deutschpfropfen, noch immer unkommentiert im Klappentext jeder Ausgabe der Gedichte?

*

Von Franz Kafka ist bekannt, dass er sich intensiv mit der Situation der deutsch-jüdischen Schriftsteller in Prag auseinandersetzte. Das Gefühl, nicht zur deutschen Mehrheitskultur zu gehören, oder gehören zu dürfen, schnürte ihm die Sprache enger zusammen. Eine Art Verpfropfung auch hier, von der aus Kafka seinen strengen Furor der Entortung entfachte. »[E]ine von allen Seiten unmögliche Literatur«, schrieb er im Juni 1921 an Max Brod über jüdisches Schreiben, »eine Zigeunerliteratur, die das deutsche Kind aus der Wiege gestohlen und in großer Eile irgendwie zugerichtet hatte, weil doch irgendjemand auf dem Seil tanzen muss. (Aber es war ja nicht einmal das deutsche Kind, es war nichts, man sagte bloß, es tanze jemand)«[5]. Die Unmöglichkeit wendet sich hier auf den Satz selbst an und entlarvt in der Klammer (in Kafkas anderem *Aber*) die Narration der Mehrheitskultur als Fama, Sage, Zuschreibung: Es war *nichts*, man *sagte bloß* … Was bleibt, ist der Tanz der Worte.

Nun kann man Kafkas geopolitische und literarische Situation als Prager Jude nicht mit der Situation Else Lasker-Schülers vergleichen.[6] Lasker-Schülers Familie stammte aus dem intellektuellen jüdischen Bürgertum Elberfelds und Frankfurts; sie zog mit fünfundzwanzig Jahren nach Berlin, ins Zentrum des Kunstschaffens der Zeit; sie stand – nach der Scheidung von ihrem ersten Mann Berthold Lasker und der kurz darauf, 1903, erfolgten Heirat mit Herwarth Walden (Georg Levin), dem Begründer des expressionistischen »Sturms« – an der Spitze der deutschen Avantgarde. Doch ihr Schaffen entstand, auch wenn sie sich nie so deutlich wie Kafka darüber geäußert hat, aus einem ähnlichen Spannungsverhältnis, das sich von einer grundlegenden historischen »Verwundbarkeit« herleitete, um einen späteren Begriff des karibischen Dichters und Begründers des postkolonialen Denkens Édouard Glissant zu verwenden. Verwundbarkeit angesichts der marginalisierten und gefährdeten Stellung der Juden in Deutschland, derer sich Else Lasker-Schüler von Kindheit an durch Progromerzählungen ihrer Eltern bewusst war und die sie literarisch verarbeitete.[7] Verwundbarkeit auch angesichts ihrer Stellung als Frau im Kulturbetrieb, die nach zwei gescheiterten Ehen ihren Sohn Paul allein aufzog, bis er am 14. Dezember 1927 an Tuberkulose verstarb; als Künstlerin, die jahrzehntelang keine Wohnung hatte, immer unter dem Existenzminimum lebte. So lassen sich die einzigartigen ästhetischen Verfahren im Werk von Else Lasker-Schüler auch – aber nicht nur – als Reaktionen auf Marginalisierungen als Jüdin, Frau und Alleinstehende lesen. Die sprachlichen Arabesken und Orientalismen; das Spiel mit Neologismen und syntaktischer Verfremdung; die Inszenierung als männlicher Herrscher über ein mythisch-poetisches Reich (Jussuf, Prinz von Theben); die literarische Viel-Liebe in unzähligen Widmungsgedichten und halbfiktionalen Briefromanen; die Verwandlung von Personen in literarische, luminös benannte Charaktere. Das ernsthafte Spiel, das Else Lasker-Schüler betrieb, war zugleich eine aggressive Aneignung der mehr oder weniger heimlich abgesteckten Territorien und versteckten *Abers*. Sie widersetzte sich ihnen vielfach, sie übersetzte sich – rollenspielend, rasend, liebesagend, kalauernd – aus ihnen heraus.

»Ich bin in Theben (Ägypten) geboren, wenn ich auch in Elberfeld zur Welt kam im Rheinland«, schreibt Else Lasker-Schüler in ihrem kurzen Lebenslauf für Kurt Pinthus' Expressionismus-Anthologie ›Menschheitsdämmerung‹[8]. Liest sich diese fabulierte Urszene, diese nach Ägypten versetzte Biographie, nicht auch wie eine Art, das »deutsche Kind aus der Wiege« zu stehlen? Und das scheinbar entfremdete Kind dann, in einer Elberfelder Komma-Klammer, augenzwinkernd aufzulösen? Literarische Entortung auch hier, aber nicht als Eskapismus oder Bestätigung des kategorischen *Anders*seins, sondern vielmehr als konstante Performanz des Anderen, zärtliche Öffnung und Verantwortung dem im Eigenen gefundenen Anderen gegenüber, diesem Verwirktsein des Tibetteppichs, oder *Vielleicht ist mein Herz die Welt*. Dies geht nur, indem man sich selbst, seine

Anfänge und Identitäten, vervielfacht, dem Zugriff monokultureller Zuschreibung entzieht.

> *Mein Heimatmeer lauscht still in meinem Schoß,*
> *helles Schlafen – dunkles Wachen*
> (Der Letzte)

Romanzen, Sternbeschwörung, Verflüssigung, das waren Else Lasker-Schülers Strategien, um »in der eigenen Sprache Nomade, Fremder, Zigeuner« zu werden, wie Gilles Deleuze und Felix Guattari in ihrer Kafka-Studie über den Prager Schriftsteller schreiben. Um innerhalb der eigenen und zugleich nie eigenen Sprache eine subversive, poetische Kraft zu finden. »Wie *wird* man? Kafka sagt: Indem man das Kind aus der Wiege stiehlt, indem man auf einem Seil tanzt.«[9]

Else Lasker-Schülers Sprache tanzt. Sie seiltanzt anders als Kafkas Hungerkünstlersprache. Ihre Akrobatik ist chaotischer, kindlicher, kabarettistischer, ausgeschmückter. Sie sternschweift vom Leben ins Schreiben, und von diesem funkelnden Möglichkeitsraum, seinem uralten Steinstaub, angereichert zurück ins Leben. Ihr Werk ist Gesamtkunstwerk, Gesamtwirken, *buntumschlungen*, das sich wenig um Genregrenzen oder andere Regeln kümmert.

Und darum liest, wer die Gedichte von Else Lasker-Schüler liest, immer nur einen Teil dieser Sprache.

Und wer nur eine Teilsprache liest, der geht Gefahr, sich ein allzu lyrisches Bild zu machen á la »schwarzer Schwan« (Gottfried Benn). Lasker-Schülers Allsprache aber ist nicht nur Lyrik, nicht nur Schrift, sie ist auch Bild – verflüssigte Schrift. »Ich bin Wasser darum bin ich keine Frau« heißt es in einem ihrer Briefe, die oft kleine Performancestücke waren.[10] Oft sind ihre Texte mit dem zornig-tänzerischem Strich der Zeichnungen versehen. Bildsendungen und Zeichnungen wiederum kommen selten ohne die »Sternoglyphen« der Dichterin aus. Lasker-Schüler war Überschreiterin, Textmalerin mit sehr eigenem graphischen Blick: Viele Widmungsgedichte auf Personen lesen sich wie *Bild*beschreibungen. Ekstase lag immer nahe bei Ekphrasis. Der Untertitel ihres höchst unterhaltsamen und komischen Briefromans ›Mein Herz‹ von 1912 ist demnach nicht nur wörtlich, sondern auch ironisch zu lesen, als Reflexion auf ihre eigene künstlerische Praxis: »Ein Liebesroman mit Bildern und wirklich lebenden Menschen«. Ihre vielen literarischen und künstlerischen Freundschaften, besonders aber die Freundschaft mit Franz Marc, dem »Malik« und Blauen Reiter, legen ein bewegendes Zeugnis von dieser synästhetischen Textkunst ab.

Neben der Verflüssigung von Schrift und Bild ist auch die Durchmischung von Genres charakteristisch für Lasker-Schülers Werk. In den Prosabänden, die sich oft selbst wie Prosagedichte lesen, stehen wie selbstverständlich Gedichte; Gedichtbände wiederum enthalten Prosatexte. Aus lizenzrechtlichen Gründen konnte die lyrische Prosa hier nicht aufgenommen werden. Der Genremix wirkt sich auch auf die Textgestalt aus. Zuweilen ist nicht gesichert, wo ein Gedicht aufhört und wo es anfängt. Ist der Titel die erste Zeile – oder ist der Titel die Anrede – oder ist der Titel die Widmung? Ist das Ende die letzte Zeile – oder ist das Ende der Abschiedsgruß der schreibenden Figur – zum Beispiel des Bibelprinzen in dem Gedicht ›David und Jonathan‹:

Durch den ich wieder neu und scheu mich sehne …
O Jonathan, dein spielerischer Bibelprinz
Nippt sterbend noch von deiner Liebe Minz

Fasst man die Grenzen zu eng, klamüsert man die Genres zu sehr auseinander, fallen diese Zeilen einfach weg. Fällt auch ihre kalauernde Draufsicht weg, die eine gewisse Distanz zum lyrischen Ton des Gedichts aufbaut. Bis zu der verdienstvollen ›Kritischen Ausgabe‹ der Gedichte von Jürgen Skrodzki (unter Mitarbeit von Norbert Oellers), die sich an den Erstfassungen orientiert und auf der die vorliegende Ausgabe beruht, ist die Grenze eher enger gefasst worden; das entsprechende lyrische Bild hat lange Zeit die Rezeption Lasker-Schülers bestimmt. Sicher kann man über die Stärke jener Zeilen diskutieren – über den eher unscheuen Reim, den klebrigen Genitivminz. Vielleicht bevorzugt man seine Heimlyrik aufgeräumter, ernsthafter, gefeilter. Doch beides, Unernst und Unschärfe, gehören zur literarischen Wirklichkeit von Else Lasker-Schüler, zu ihrer einzigartigen poetischen Radikalität, die voller Brüche war. Auch die ›Scherzgedichte und Gelegenheitsreimereien‹ gehören dazu, die der Herausgeber der lange Zeit prägenden Kösel-Ausgabe, Werner Kraft, nicht aufnahm. Doch mit untrüglichem, erschütterndem Schalk hat Else Lasker-Schüler stets Erhabenes neben Albernes gestellt, sei es auf Hochdeutsch, Jussufdeutsch oder Wuppertaler Platt.[11]

In solch schnoddrigen Gesten, in der Unschärfe der produktiven Übergänge, äußert sich ein anarchischer Grundgestus. Dieser hängt mit Lasker-Schülers Verortung und dem Facettenreichtum ihrer hybriden Identität als deutsch-jüdische Autorin in einem monokulturell geprägten Klima zusammen. Else Lasker-Schüler war eben nicht Aberdeutsch, sondern Geradedeutsch. Sie war nicht die dunkle, jüdische Märchenerzählerin, die sich mit orientaler Liebeslyrik in deutsche Herzen schrieb. Sondern sie trieb vielmehr mit ihrem Orientpunk ein antibürgerliches Verwirrspiel, das gekonnt literarische und gesellschaftliche Regeln unterwanderte, ganz Crossdressing, ganz Genrecrossing. »Ich bin doch dein spielender Herzschelm, Erde« – dieses Understatement aus dem Gedicht ›Mein Lied‹ darf man getrost ernst nehmen. Ihre Texte, Träume, Pläne changierten immer zwischen gekonnter Stilisierung und verwahrloster Burleske, zwischen Kabarett und Chaos. Mit ihnen weist Lasker-Schüler weit über das Format des deutschen Gedichts, seiner Grenzen, seiner Einheits- oder Einzelsprachen hinaus. »Also, ich trage 3 oder 4 von meinen arabischen Erzählungen *auf Arabisch* in London vor, dabei sitzt ein Dolmetscher auch auf dem Podium, der übersetzt *jeden* Satz, den ich auf Arabisch sage, dem Publikum feierlich ins Englische.« So entwickelt sie 1910 die Idee zu einer internationalen arabischen Vortragsnummer.[12] Später wurden aus den arabischen Texten Übersetzungen ins Syrische.[13] Fast ist es un*heim*lich, wie weit Lasker-Schülers Poetik der Beziehungen, wie die multiplen Identitäten und Mehrsprachigkeiten ihres Werks in die heutige gesamtdeutsche Gegenwart und die Zukunft ihrer neuen Gesellschaftsordnung zwischen Orient und Okzident hineinleuchten.

*

Wenn Walter Benjamin von der Übersetzung schreibt, dass in ihr »das Leben des Originals seine stets erneute späteste und umfassendste Entfaltung«[14] erlange, so gilt gleiches für das Wiederlesen kanonisierter Lyriker. Vielleicht braucht es eine Art Übersetzung, braucht es einen anders-heimischen Blick, um die im Original angelegten Potentiale vollends zu neuer Wirklichkeit und Wirkung zu bringen. Else Lasker-Schüler hat in der deutsch-türkischen Schriftstellerin Emine Sevgi Özdamar eine solche Übersetzerin gefunden. Özdamars Roman ›Seltsame Sterne starren zur Erde‹ von 2004 verwendet nicht nur eine Zeile der Lyrikerin im Titel. Die Protagonistin, die vor der repressiven Politik der türkischen Militärdiktatur flieht und als Schauspielerin im Exil zwischen Ost- und Westberlin pendelt, findet in den Zeilen von Else Lasker-Schüler tatsächlich eine »heimliche Heimat«. Im realen Berlin dagegen wird sie von ihrer (damals noch?) deutschen Nichtwillkommensgesellschaft als dunkelhäutige »Indianerin« bezeichnet oder mit dem Spruch »Ab in die Gaskammer« belegt. Einem flirtenden Faschisten am FKK-Strand antwortet sie: »Ich bin jüdisch. Rede nicht mit mir, sonst wird dein Blut beschmutzt.«[15]

Die beißende Identifikation der türkisch-deutschen Schauspielerin mit der deutsch-jüdischen Dichterin wirft ein Licht auf die Radikalität, mit der auch Else Lasker-Schüler den unsichtbaren Zuschreibungen der deutschen Mehrheitskultur begegnete. Nämlich nicht nur durch die zuerst von Benn und dann viele Male beschworene Verknüpfung christlicher, jüdischer und islamischer Motive, die in den fünfziger Jahren zu ihrer Rezeption als Versöhnungsdichterin führte.[16] Sondern gerade durch die aggressive Multiplikation und Entfesselung des Anderen, mit der sie der Erzählung von Ursprüngen und eindeutigen Identitäten eine Absage erteilte: *Und bin nicht mehr und doch vertausendfacht.* Dem Jüdischen gab sie stets auch indianische, arabische, persische, asiatische, afrikanische Züge. Es ist schmerzhafte Ironie, dass im Zürcher Exil vor allem ihre exotisierenden Zeichnungen eine Haupteinnahmequelle waren: »alle Indianer und Neger und asiatische Bilder«[17]. Schmerzhafter umso mehr, als sie im Duktus ihrer Zeit nicht vor gedankenlosem Sprachgebrauch gefeit ist. Und was bedeutet es, wenn die Protagonistin von ›Seltsame Sterne‹ ausgerechnet diesen Satz von Gottfried Benn aus dem Klappentext zitiert: »aber ihre Sprache war deutsch«?[18] Özdamars Zweitsprachendeutsch ist dem Lasker-Schülerschen Deutsch verwandt – nicht durch Herkunft, aber durch die Fremdzuschreibung einer sich monokulturell denkenden Gesellschaft. Im Spiegel der türkisch-deutschen Prosaautorin finden sich die ästhetischen Verfahren der jüdisch-deutschen Dichterin einhundert Jahre später aktualisiert, wozu auch die Genrevermischung von Prosa, Brief, Zeichnung usw. gehört. Im Zeichnen, im Schreiben, aber auch im überinszenierten Erscheinen nahmen Else Lasker-Schüler und Jussuf und Tino ihre Marginalisierung innerhalb der Mehrheitsgesellschaft auf – und schleuderten sie mit sternfunkelnder Übersteuerung zurück.

*

»Man darf nicht zu lange in Deutschland bleiben. Rette dich vor Deutschland.« Diesen Rat gibt man 1977 der Protagonistin Emine in ›Seltsame Sterne‹. Die Autorin hat den Rat glücklicherweise nicht befolgt, sondern in der deutschen Sprache einen Ort für ihre Erzählung von Trauma, Muttersprache und Entfremdung gefunden. Else Lasker-Schüler hatte keine andere Wahl, als sich vor Deutschland zu retten. Uns bleibt, ihre Elsesprache endlich zu beheimaten – als Anderssprache, als Ankunftssprache, und zwar nicht weil sie, huch, *auch* deutsch ist, sondern unbedingt deutsch. Mit multiplen poetischen Wirklichkeiten, wie wir sie inmitten von allzu national oder ausgrenzend gedachten Identitäten dringend benötigen. Nur so kann man sich ein – nein: viele Bilder machen von »Votre Indianer blaue Jaguar Jussuf«[19], so groß und so brüchig und so unerschrocken komisch wie die Welt, sein Herz.

Uljana Wolf
Berlin – New York,
Juli – Oktober 2015

1   Karl Kraus zum Abdruck des Gedichts in ›Die Fackel‹. Jg. 12,
    Nr. 313/314 vom 31. Dezember 1910. S. Else Lasker-Schüler:
    Werke und Briefe. Kritische Ausgabe. Hg. von Norbert Oel-
    lers, Heinz Rölleke und Itta Shedletzky. Bd. 1.2.: Gedichte. An-
    merkungen. Bearbeitet von Jürgen Skrodzki unter Mitarbeit
    von Norbert Oellers. Frankfurt am Main 1996, S. 169 f.

2   Sie klingen am Kleiderrand des Ichs im Gedicht ›An zwei
    Freunde‹, das zärtlich die eigene tätowierte, mandelkernige
    Fremdheit beschwört. Und sie rasseln zornig in einem Brief
    an Ludwig von Ficker, Anfang Dezember 1914, in dem sich
    Else Lasker-Schüler über die antisemitischen Äußerungen
    von Margarethe Langen beklagt, der Schwester des express-
    sionistischen Dichters Georg Trakl, mit dem sie befreundet
    war: »Ich bin zu feierlich für solche Mätzchen, zu viel Schel-
    len hängen an mir, um diesen Ton zu hören und nicht Ekel
    zu kriegen.« Georg Trakl war kurz zuvor in Krakau gestor-
    ben. Auf Bitten Ludwig von Fickers hatte Lasker-Schüler
    Margarethe mehrmals in ihrer Berliner Wohnung besucht
    und sich um sie gekümmert. S. Else Lasker-Schüler: Werke
    und Briefe. Kritische Ausgabe. Hg. von Norbert Oellers,
    Heinz Rölleke und Itta Shedletzky. Bd. 7: Briefe 1914–1924.
    Bearbeitet von Karl Jürgen Skrodzki. Frankfurt am Main
    2004, S. 73.

3   Allerdings schrieb sie es nicht als »aunt, but an Indian from
    Berlin […] where are the dear brothers the Inkas and the last
    of the Asteks.« Brief an Louis Asher vom 11. Januar 1933, in:
    Else Lasker-Schüler: Werke und Briefe. Kritische Ausgabe.
    Hg. von Norbert Oellers, Heinz Rölleke und Itta Shedletzky.
    Bd. 8: Briefe 1925–1933. Bearbeitet von Sigrid Bauschinger.
    Frankfurt am Main 2005, S. 332.

4   Auf die Eigentümlichkeiten der Else Lasker-Schüler-Rezep-
    tion durch ihre Wegbereiter Werner Kraft und Ernst Ginsberg
    im Umfeld des (katholisch geprägten) Kösel-Verlags geht de-
    tailliert Jakob Hessing ein: »Dichterin im Vakuum. Die Heim-

kehr einer Emigrantin als kulturpolitisches Phänomen«. In: Text+Kritik: Else Lasker-Schüler. Hg. von Heinz Ludwig Arnold. Heft 122, München 1994, S. 3–17.

5   Franz Kafka. Briefe 1902–1924. Hg. von Max Brod. Frankfurt 1975, S. 338.

6   Kafka war nicht gut auf Else Lasker-Schüler zu sprechen. An Felice Bauer schrieb er: »Ich kann ihre Gedichte nicht leiden, ich fühle bei ihnen nichts als Langeweile über ihre Leere und Widerwillen wegen des künstlichen Aufwandes.« Franz Kafka, Brief an Felice Bauer, 12./13. Februar 1913, in: Franz Kafka. Briefe 1913-März 1914. Hg. von Hans-Gerd Koch. Frankfurt am Main 1999, S. 88.

7   Unter anderem in der Erzählung ›Arthur Aronymus und seine Väter‹ von 1932. S. Erika Klüsener: Else Lasker-Schüler in Selbstzeugnissen und Bilddokumenten. Reinbek 1980, sowie Sigrid Bauschinger: Zur Biographie Else Lasker-Schülers. In: Text+Kritik: Else Lasker-Schüler. Hg. von Heinz Ludwig Arnold. Heft 122, München 1994, S. 88.

8   Kurt Pinthus (Hg.): Menschheitsdämmerung. Ein Dokument des Expressionismus. Berlin 1920, S. 294.

9   Gilles Deleuze und Félix Guattari: Kafka. Für eine kleine Literatur. Übers. von Burkhart Kroeber. Frankfurt 1976, S. 28 f. (Hervorhebung UW).

10 »Man kann im Wasser ertrinken oder bis auf den Grund schadlos tauchen wo Rosen und Tang wachsen; Wasser sucht immer, manchmal nimmt Wasser Gestalt an und dann bin ich heimatlos – wohin.« Else Lasker-Schüler an Hanns Hirt, wahrscheinlich Januar 1915, in: Else Lasker-Schüler: Werke und Briefe. Kritische Ausgabe. Hg. von Norbert Oellers, Heinz Rölleke und Itta Shedletzky. Bd. 7: Briefe 1914–1924. Bearbeitet von Karl Jürgen Skrodzki. Frankfurt am Main 2004, S. 78.

11 Die Orientierung an den Erstdrucken hat andererseits zufolge, dass manche Schreibweisen (»eisenfarb'ne« statt »eisenfarbene«) die Gedichte ferner wirken lassen, als sie sind.

Zudem wird manche gewinnbringende Änderung nicht ab-
gebildet – so die spätere Streichung der letzten redundan-
ten Zeile in ›Sterne des Fatums‹ … Oh well. Brüche,
Unschärfe: q. e. d.

12 Brief an den Schriftsteller und Literaturhistoriker Jethro
Bithell in Manchester. Zitiert nach Peter Sprengel: Else Lasker-
Schüler und das Kabarett, in: Text+Kritik: Else Lasker-Schüler.
Hg. von Heinz Ludwig Arnold. Heft 122, München 1994, S. 82.

13 S. Peter Sprengel, Kabarett (wie Anm. 12), S. 83.

14 Walter Benjamin: Die Aufgabe des Übersetzers. In: Ders.: Ge-
sammelte Schriften Bd. IV/1, Frankfurt am Main 1972, S. 11.

15 Emine Sevgi Özdamar: Seltsame Sterne starren zur Erde. Köln
2008 (2. Aufl.), u. a. S. 137, 166, 189. Andere Namen sind Kol-
chosin, Schneewittchen, Türken-Emi und – Rumpelstilzchen,
als das sich die Protagonistin konsequent selbst bezeichnet.
Ihrer ersten deutschen Bekanntschaft gibt sie den Namen Al-
brecht Dürer. Wie bei Else Lasker-Schüler betont das Benen-
nungsspiel die Fluidität jeder Identität, nicht das Festgelegte –
und nimmt es so den Nazis weg.

16 S. Jakob Hessing, Vakuum (wie Anm. 4).

17 Else Lasker-Schüler: Werke und Briefe. Kritische Ausgabe. Hg.
von Andreas B. Kilcher, Norbert Oellers, Heinz Rölleke und
Itta Shedletzky. Bd. 9: Briefe. 1933–1936. Bearbeitet von Jürgen
Skrodzki. Frankfurt am Main 2008, S. 134. S. auch Karl Jürgen
Skrodzki: Else Lasker-Schüler in Zürich. Vortrag, gehalten auf
Einladung des Vereins für jüdische Kultur und Wissenschaft
(VJKW), Zürich: »Tag des jüdischen Buches« am 26. Januar
2014: http://www.kj-skrodzki.de/Dokumente/Text_079.htm
#A35. Abgerufen am 16. 7. 2015.

18 Özdamar: Seltsame Sterne (wie Anmerkung 15), S. 15.

19 So lautet einer der vielen angereicherten Namen, mit denen
Lasker-Schüler ihre Schrift-Stücke unterzeichnete. Hier aus
einem Brief an den französischen Schriftsteller Marcel Brion
vom 29. Januar 1932. In: Briefe 1925–1933 (wie Anm. 3), S. 289.

Nachweise

Eigenständige Veröffentlichungen

Styx. Gedichte
Berlin: Axel Juncker Verlag, 1902.

Der siebente Tag. Gedichte.
Berlin: Verlag des Vereins für Kunst, 1905.

Das Peter Hille-Buch.
Stuttgart, Berlin: Axel Juncker Verlag 1906.

Die Nächte der Tino von Bagdad.
Berlin Stuttgart Leipzig: Axel Juncker Verlag 1907.

Meine Wunder. Gedichte.
Karlsruhe und Leipzig. Dreililien-Verlag, 1911.

Mein Herz. Ein Liebesroman mit Bildern und wirklichen, lebenden Menschen.
München und Berlin: Heinrich F. S. Bachmair, 1912

Hebräische Balladen.
Berlin: A. R. Meyer Verlag (1913).

Gesichte. Essays und andere Geschichten.
Leipzig: Kurt Wolff Verlag 1913.

Die gesammelten Gedichte von Else Lasker-Schüler.
Leipzig: Verlag der Weißen Bücher 1917.

Der Wunderrabbiner von Barcelona.
Berlin: Paul Cassirer 1921.

Konzert.
Berlin. Rowohlt 1932.

Das Hebräerland.
Zürich: Verlag Oprecht (1937).

Mein blaues Klavier. Neue Gedichte.
Jerusalem 1943.

Nachweise zu den jeweiligen Erstdrucken der einzelnen Gedichten finden sich in folgenden Ausgaben:

Else Lasker Schüler: *Sämtliche Gedichte*. Frankfurt am Main: Fischer Taschenbuch 2016
Else Lasker-Schüler: *Kritische Ausgabe*. Hrsg. v. Norbert Oellers, Heinz Röllecke und Itta Shedletzky. Bearbeitet von Karl Skrodzki unter Mitarbeit von Norbert Oellers. Frankfurt am Main: Jüdischer Verlag 1996 © Jüdischer Verlag im Suhrkamp Verlag Frankfurt am Main 1996

Weitere Gedichte (Erstveröffentlichung)

›Als der blaue Reiter war gefallen‹
in: Neue Jugend, Jg. 1, H. 11/12, 2/3 1917.

›An die Einwohnerschaft Berlins‹
in: Berliner Börsen-Courier, Jg. 55, Nr. 47 (Morgen-Ausgabe), 28. 1. 1923, 1. Beilage.

〈Ich wohne im Sachsenhofe〉
in: Berliner Tageblatt, Jg. 55, Nr. 519 (Morgen-Ausgabe), 3. 11. 1926.

›Herbst‹
in: Berliner Tageblatt, Jg. 61, Nr. 492 (Samstags-Ausgabe)

Abbildungen

S. 5: Jussuf mit Theben
aus: Else Lasker-Schüler, Theben. Gedichte und Lithographien. Frankfurt am Main und Berlin: Querschnitt-Verlag, 1923

S. 67: Jussufs Herz blutet für sein Volk
aus: Ricarda Dick (Hg.), Else Lasker-Schüler: Die Bilder. Frankfurt am Main, 2010

S. 137: Der Bund der wilden Juden
aus: Else Lasker-Schüler, Theben. Gedichte und Lithographien. Frankfurt am Main und Berlin: Querschnitt-Verlag, 1923

S. 167: Jussuf geht zu Gott
aus: Else Lasker-Schüler, Theben. Gedichte und Lithographien. Frankfurt am Main und Berlin: Querschnitt-Verlag, 1923

Gedichte aus dem Nachlass
Der Nachlass von Else Lasker-Schüler wird aufbewahrt im Deutschen Literaturarchiv Marbach sowie in der Jewish National and University Library Jerusalem.

Inhalt

MEIN BLAUES KLAVIER (1943)

AUS DEM NACHLASS

»Heimliche Heimat« – Else Lasker-Schülers
Ankunftssprachen. Nachwort von Uljana Wolf

Nachweise